档案工作的美学研究

陈超 著

延边大学出版社

图书在版编目（ＣＩＰ）数据

档案工作的美学研究 / 陈超著. -- 延吉 ： 延边大
学出版社, 2019.4
　　ISBN 978-7-5688-6727-6

　　Ⅰ．①档… Ⅱ．①陈… Ⅲ．①档案工作－美学－研究
Ⅳ．①G275-05

中国版本图书馆 CIP 数据核字(2019)第 077810 号

档案工作的美学研究

著　　者：陈　超
责任编辑：李宝珠
封面设计：延大兴业
出版发行：延边大学出版社
社　　址：吉林省延吉市公园路 977 号　　　邮　　编：133002
网　　址：http://www.ydcbs.com　　　E-mail：ydcbs@ydcbs.com
电　　话：0433-2732435　　　　　　传　　真：0433-2732434
制　　作：山东延大兴业文化传媒有限责任公司
印　　刷：天津雅泽印刷有限公司
开　　本：787×1092　1/16
印　　张：13.5
字　　数：250 千字
版　　次：2019 年 8 月第 1 版
印　　次：2019 年 8 月第 1 次
书　　号：ISBN 978-7-5688-6727-6

定价：60.00 元

作者简介

　　陈超（1982— ）男，土家族，重庆酉阳人，档案馆员，硕士研究生毕业于四川师范大学，目前在重庆三峡学院主要从事档案基础理论和数字化研究工作。

序

　　随着社会的进步和人类文明的高度发展，美学辐射的领域也越来越广，通过对国内外档案专著和美学专著方面研究现状进行对比，我们发现，对档案学和美学研究的专著虽比较多，但大多数都着眼于对美学思想或者档案文献方面的研究，当前学界内对档案学与美学联系在一起研究的著作较少，所以笔者试图从一个全新的美学角度来研究档案工作。如何将美学研究与档案学研究联系起来成为当前档案工作者们新的研究课题。档案学研究作为一门社会科学，其研究对象主要为人类社会实践的客观对象。从事档案实践的工作者都知道，档案学研究常常与单调、枯燥、乏味、沉闷等字眼联系在一起，而美学研究的主要研究对象为人类实践所形成的美学理论，主要与崇高、美好、高大上等联系在一起，如何将两者有机地融合在一起，成了笔者研究的主要问题。我们要深刻认识档案研究的美及其属性，并把美学观点应用到档案管理实践中去。档案美是客观的，具有社会实践的内在美、独特和谐的匀称美和规范整齐的形式美。研究时要将档案学研究的内在美和形式美结合起来，这对于做好当前档案工作具有十分重要的意义。

　　本书主要从档案美学的哲学根源、档案美学的本质、档案美学素养、档案美学意识、档案功用美学、档案和谐美学、档案美学文化传承与创新、档案美学未来发展趋势等方面进行研究。

　　在酝酿本书之初，笔者曾打算从美学理论各方面来阐释档案美学思想的内容、特征，以及探究档案美学超越功利美学思想的途径，但在着手撰写时才发现，如此大的一个论题非笔者能力之所及，因为档案美学思想的独特性，非其他研究方法能轻易嫁接的，因此，笔者不得不改变初衷，决定深入某些特定的范畴来研究档案美学思想，并最终对档案美学哲学思想根源和档案美学如何实现从功利美学思想以及档案美学发展趋势中突围出来的问题进行了一些研究。

在此，笔者要特别感谢在该专著成书过程中给予帮助的领导与同事。由于笔者水平有限，加之成书时间仓促，书中错误和不妥之处在所难免，敬请各位批评指正。

目 录

第一章 档案美学思想的哲学根源

第一节 哲学和档案哲学

一、哲学

哲学是社会意识形态之一，它是关于世界观、价值观、方法论的学说，它是理论化、系统化的世界观，也是自然知识、社会知识、思维知识的概况和总结，是世界观和方法论的统一，是社会意识的具体存在和表现形式，是以追求世界的本源、本质、共性或绝对、终极的形而上学的形式，以认识世界、改造世界的方法论为研究内容的科学。哲学所涉及的研究范畴是其他学科知识的综合，具有严密逻辑系统的宇宙观。它研究宇宙的性质、宇宙内在万事万物的演变的总规律、人在宇宙中的位置等一些最基本的问题。

二、档案哲学

档案哲学，也称档案科学哲学，是关于档案专业世界观的科学，是以哲学的角度来把握档案世界的本质及规律的科学，是关于世界观和方法论的科学。档案哲学的产生和存在，不是人头脑中的灵感，也不是经验堆砌的成果。档案工作需要认识自身的社会存在意义，需要理性专业智慧，档案学理论需要哲学的思辨性，这一切，成为孕育档案哲学的最为深厚的社会土壤。档案哲学研究领域的开辟，有利于丰富档案学理论内涵，形成新的研究领域，比如档案意识、档案工作者的心理、档案利用者的心理、档案美学、职业道德等。另一方面，档案哲学是关于世界观和方法论的科学，因此档案哲学有别于其他学科存在的研究对象和研究范畴，比如档案信息论、档案系统论等。档案哲学的研究基础由三个部分构成：一是人类认识档案世界；二是人类在档案事业长期发展过程中，沉淀下来的丰富感性认识——经验；三是档案世界本身存在的一系列"自然"辩证规律，以及具有哲学意义的自然现象。档案哲学以哲学的角度来认识和把握档案世界的本质和规律，有利于丰富档案工作者对档案世界的认识，提高档案学理论的思辨能力。

第二节 档案美学与人性论

人性论问题在中国哲学史上是个十分重要的命题，是任何哲学派别都无法回避的根本性问题，档案美学亦如此。我们知道，从自然和社会的关系中抽象出来的"人性"，它阐释的是人的自我价值和本质的范畴，是以命（道）、性（德）、心、情、才等名词所代表的观念、思想为其内容的。在中国哲学史上，人性被看作一个动态的概念，在不同的历史时期和思想派别中有着不同的含义，是运动变化发展着的一个概念。

中国哲学史上，最早论述人性问题的人，笔者认为应该追溯到孔子。关于人性论问题，孔子认为"性相近也，习相远也"。"性"指的是人的本性，包括性格、禀赋、智力等；"习"是指习俗，包括学习、受到所处环境和外在条件制约的习惯行为方式等。孔子的人性论指的是人人都有的本性，虽然未明确性善性恶，但从孔子的论述中我们可以看出其实质上包含了性善性恶两种可能——"性相近"与"习相远"。这两种可能经过不断变化发展，形成了后来孟子的性善和荀子的性恶两种不同的人性论。孟子的人性善，承袭了孔子的"性相近"。而荀子却认为人性本恶，坚持性恶论。《乐记》作为中国有史以来第一部系统的美学理论专著，是中国古代最早的美学文献。它的出现，是儒家美学思想走向成熟的标志，档案美学的哲学思想也受到《乐记》人性论的影响，笔者认为档案美学建构的人性论更多地受到《乐记》的影响。《乐记》的性无善恶论、儒道结合的人性论等思想都对档案美学要建构的人性论产生了重要的影响。

档案美学在回答人性论这个敏感的话题时，既不同于孔子未明确性善性恶思想和孟子的性善论，也有别于荀子的性恶论，档案美学关于人性论思想的论述中也表现出了独特性，其独特性表现在以下几个方面：第一，档案美学的人性论思想一方面从孟子性善说中汲取了营养，同时也汲取了庄子的某些看法；另一方面受到荀子性恶说的影响，从荀子性恶论中汲取了一系列的观点，表现出了性无善恶论，但又不同于孔子的观点，档案美学用"动""静"这一范畴将人性善恶界定开来。第二，档案美学一方面受到儒家人性即社会属性的影响；另一方面又受到荀子人性即自然属性的影响，形成了自然属性和社会属性相结合的独特人性论。第三，档案美学一方面受到传统儒家人性论的影响，另一方面又受到道家人性论的影响，形成了儒道相结合的人性论。

档案美学的人性论在孔子人性论基础上，综合孟子、荀子的人性论，形成了档案美学独特人性论即性无善恶论，但又不同于前人简单的性无善恶论。档案美学是在综合孟子性善论和荀子性恶论的基础上，进一步丰富和发展了儒家的人性论，同时档案美学的人性论还吸收道家的人性论的某些看法，表现出儒道相结合的特点。档案美学的人性论经过扬弃，在综合儒道人性论的基础上，建立起自己的人性论。

一、儒家人性论与档案美学

（一）儒家人性论对档案美学的影响

由前文论述可知，人性论问题可以追溯到孔子，孔子是最初明确提出人性论的先哲。对于人性论问题，孔子曰："性相近也，习相远也。"笔者认为孔子所认为的人"性"即每一个人的自然本性，包括性格、禀赋、智力等；"习"则指后天的努力所形成的习惯和行为，包括学习、受各自所处环境和外在条件制约的习惯行为方式等。在孔子那里人与人之间的区别不在于人与人之间的自然本性区别，而在于后天的"习"，"习"才是区别人性的根本标志，可见孔子所强调的人性即社会属性，只有那些在后天不断学习中积累而成的品性才是人的根本属性。

但第一个解释什么是人性的哲学家则是孟子。孟子认为人性是"无定形，不可言"的，笔者认为孟子所强调的人性也应该是社会属性。在孟子那里，人性包括两个方面：一个方面指的是人的自然属性，即人们有追求味、色、声、嗅、安逸的本能和欲望，另一个方面指的是人的社会属性，包括仁、义、礼、智、信等这些社会道德因素。但在孟子看来，人的自然属性不是人的根本属性，而是人的社会属性。孟子认为，人之所以为人，区别于动物，就在于人有先天的四种道德观念，即恻隐之心、羞恶之心、辞让之心、是非之心，基于此孟子顺理成章地提出了"人性本善"的观点，孟子还进一步认为，如果将这四种善扩展开来，就发展成了仁、义、礼、智四种社会道德因素。"四心"是人与生俱来的东西，因此"四德"是人性中固有的东西。由此我们可以看出，孟子讲的人性不是自然属性，而是社会属性，并以此把人与动物区分开来。

档案美学在论述人性论问题的时候强调的也是人的社会属性，这显然也受到儒家人性论的影响。一方面是受到孔子所强调的人性即社会属性的影响。在笔者看来，从事档案研究的档案工作者的根本属性也应该是在后天的不断学习中积累起来的经验。另外一方面，档案美学人性论所强调的人性也受到孟子"四心"、"四德"思想的影响。档案美学的人性论也认为人的"四心"是人的自然属性，"四德"是人的社会属性，而档案工作者，应该用"四德"将人的本能欲望解放出来，将人与动物区别开来。因此，档案美学的人性论强调的也是人的社会属性。

由以上分析可以看出，档案美学的人性论显然受到儒家人性论强调社会属性这一思想观点的影响。

（二）儒家性情论对档案美学的影响

性情论是儒家较早的哲学范畴，"性"即人的哲学生产，是人的本质属性，是超越感性现实的人的本性。其作为一种高度抽象属性，具有普遍性，也是人区别于世界上其他万事万物的标志，是对人的本质定性。"情"是由具体物体刺激人的感官而引发的一系列的心理反应，是人的本性与外界物质接触而产生的情感、心情和情绪，它的内涵十分丰富。

中国较早论述"性情"这一观点的是《中庸·天命篇》，从人的自然感情出发认为"喜怒哀乐之未发，谓之中；发而皆中节，谓之和"，肯定喜、怒、哀、乐是人类常见的四种基本感情。

档案美学的性情论认为人心生来是平静的,但由于受到外物的影响而心动,心动自然产生欲求,欲望得到控制便形成人性善,欲望得不到调节便形成人性恶。档案美学的性情论也同孟子一样认为人应该节制欲望,但档案美学性情论又不同于孟子的性情论,它主张用仁义节制人的欲求,更强调用礼节来节制人的欲求。

(三)儒家性善论对档案美学的影响

性善论是儒家思想重要的组成内容,是在中国封建社会占据了统治地位的一个哲学范畴。性善论说的是人的本性具有善的道德价值,每个人生来就有向善的潜能,"性"是人提升创造力的本质、本性、本能;"善"是人向上提升的气,"性善"即人本性所具备的向上提升的本质、本性、本能。儒家性善论强调人禽之辨,目的在于体现人之所以为人的本质,以性善推演向善、为善,揭示出性善的内在可能性向现实的善转化的可能性。

"性善"是人生大美之中的最高境界,人生来就具有善的禀性,人性本善,儒家性善论赋予了人性以道德上的形而上学的内容。最早提出"性善论"思想的应该是孔子,孔子虽然没有明确提出性善性恶,但是其学说中包含着性善论的思想,孔子提出"我欲仁,斯仁至矣"。之所以欲仁而仁至,皆因善内在于己,应该说儒家的"性善论"发端于孔子。孟子则认为人性本善。孟子曰:"人性之善也,犹水之就下也。"这段句话是说,人性之善犹如流水往低处流一样再自然不过,仁、义、礼、智这些善端,是人性自然包含的东西,人本身所固有的,正是因为人性当中包含这些,所以才为人心向善提供了可能。孟子还认为人皆有仁、义、礼、智四种善端,孟子把性善的善比喻成种子,说明人皆有向善的禀赋和可能。在人性本善的基础提出上人性之善，孟子的"性善"不是指人天生具有的道德观念，而是人在意识上有向善的要求和为善的能力，孟子还提出了"仁政"的学说，要求统治者维护自己的统治时间、必须施行"仁政"，这也是其"性善论"的集中体现，因此孟子认为人性本善。

档案美学关于人性的问题论述受到儒家性善论的影响。档案美学的性善论认为："德者，性之端也。"档案美学认为德是人性的表现，有德之人自然性善，德是性的表现，德是善的，因此可以推论性是善的，这又与孟子的看法相近，档案美学的性善论受到孟子人性论的影响。

二、荀子人性论档案美学

（一）荀子人性论对档案美学的影响

荀子接受了孔子"习相远"的思想，形成了性恶论，荀子认为"不可学，不可事，而在人者，谓之性；可学而能，可事而成之在人者，谓之伪，是性、伪之分也"。荀子的性恶论，笔者认为其主要指的是人的自然属性，我们可以从以下几个方面作简要的陈述：第一，从特质来说。荀子曰："性者，本始材也。"荀子认为人性是一种质朴的原始素材，是未经加工的原始存在，即自然属性。第二，从内容来说。荀子曰："今人之性，饥而欲饱，寒而欲暖，劳而欲休。"荀子认为人性的内容包括人的生理结构和功能，如耳可以听、目可以见，还包括人的本能欲望，衣食、声色、情欲等。第三，从来源上说。荀子曰："凡性者，天之就也，不可学、不可事……不可学、不可事而在人者，谓之性。"荀子认为人性的来源是自然生就的东西，是不可学习和不可人为造就的东西，也不是靠后天学习所能得到的东西。

由以上分析可知，荀子的人性论主要强调的是人的自然属性，那么荀子的思想又是怎么影响档案美学的呢？

我们从档案本源问题的相关结论中可以看出，档案美学理论必然起源于档案美的概念，档案的美来源于客观存在的美，即档案美、内容美、形式美、利用美以及档案工作、档案工作者、档案事业、档案哲学之间形成的不同形式的美，这些美都是来源于客观存在的物质世界的自然属性，是实实在在存在的客观实际，这些美是一种质朴原始的存在，是未加工的自然存在美，因此档案美学关于美的本质论述承袭了荀子人性论中关于自然属性的观点，档案美学理论的研究也避不开档案美的自然属性。

由以上分析可知，在档案美学理论中，我们要建构的档案美学的人性论显然也受到荀子人性论侧重自然属性的影响。

（二）荀子性恶论对档案美学的影响

性恶论是荀子思想学说的重要特征，在中国哲学思想史上影响颇深，荀子主张"人之性恶"的论点，荀子认为人性本恶，"人之性恶，其善者伪也"。在荀子看来，"性恶"不是说人的自然情欲本身是恶，而是说，人的自然情欲本身无所谓善恶，但不受节制的自然情欲必然导致恶的产生，欲望导致人性恶，但不是所有的欲望都使人性恶，因此荀子又提出节制欲望的主张。

档案美学人性论的建构，也受到荀子性恶论的影响。档案美学的人性论把档案发展规律的无限性与人占有档案时空性的欲望看成两种根本对立的事物，人之所以会产生各种乱世恶行，都是因为人的欲望得不到节制，这显然是档案美学人性论对荀子性恶论的承袭，但档案美学的人性论并非简单承袭荀子的性恶论，档案美学的人性论认为："人生而静，天之性也。""静"则是未受到外物诱惑时的一种自足而平静的状态，"动"的存在则是心受到外物诱惑从而形成的欲望，但纵观前面的论述却难以非常准确地界定档案美学的人性论所认为的人性是善还是恶，只能认为人性生而静而已。

三、道家人性论与档案美学

道家的创始人老子反对有为的政治，主张无为的政治。道家所追求的"人性"是人本身所具有的自然品质即精神上的安宁、恬静、愉快，不因外界自然而改变其宁静、自然的本性，不为外在事物所诱惑、忧愁，始终保持内心的宁静。

我们从前文关于人性问题的简要论述中可以发现，档案美学的人性论受到孟子和荀子人性论的影响，档案美学的人性论是在不断扬弃、综合孟子、荀子人性论基础上建构起来的独特的人性论思想，但档案美学的人性论同时还深受道家人性论某些思想的影响，表现出了儒道结合的趋向。

用"静"释"性"最早源于庄子，庄子认为"性者，生之质也"，可见庄子追求人性纯朴、自然和无为。庄子还认为"夫虚静恬淡寂寞无为者，万物之本也"。庄子认为静是万物之本，自然也是人性之根本，虚静、恬淡、寂寞、无为，乃是人性之最初本性，静是人性的根本。档案美学的人性论也追求"静"，但档案美学的人性论中的"静"是从荀子那里借鉴过来的，荀子认为"虚壹而静"，"静"在这里是指的是一种状态——宁静、镇静等。朱熹也认为"静"是人性的根本，朱熹认为"性是体，情是用，性情皆出于心，故心能统之"。也就是说，性是主静，性动而为情，而乐由性生。

档案美学的人性论也承袭了前人关于性"静"的观点。档案美学的人性论认为"人生而静，天之性也"，人性是人与生俱来的。这一观点与孟子、荀子认为人性是天生的相同，与孟子、荀子观点不同的是，档案美学的人性论没有明确指出人性本善或人性本恶，而是巧妙地用"静"与"动"把人的性与情区分开来，从而把善恶也区分开来，提出"性静情动"的观点。档案美学的人性论认为"静"是人心未受外物、欲望的触动而保持一种内心平和、自足而平静的状态，档案美学的人性论用"静"释"性"这一观念显然是受到了道家的影响。

由以上分析可以看出，档案美学的人性论也受到了道家人性论思想的影响，特别是庄子人性论的影响。档案美学的人性论在综合孟子、荀子人性论的基础上，又汲取了道家人性论的精华，将儒、道人性论完美地结合在了一起。

四、档案美学的人性论

通过前三部分对档案美学人性论的简要梳理，我们可以看出档案美学的人性论建构是一个复杂而烦琐的过程，但其主要的人性论是通过以下几个方面建构起来的：

（一）性无善恶论

由前文的论述可知，档案美学的人性论以"静"释"性"，档案美学的人性论认为"人生而静，天之性也"。天生而静是人的本性，人的本性并没有善恶的区别，这种思想有别于孟子性善论，亦异于荀子性恶论。档案美学的人性论用"静"与"动"将人的性与情欲区分开来，人性是静，并无善恶之分，只有情欲的躁动才会形成善恶的区别，这显然不同于孟子的性善论，也不同于荀子的性恶论。那么档案美学的人性论是怎样看待心的"静"与"动"的区别的呢？档案美学的人性论之所以认为心有"静"与"动"的区别，主要是因为人心会受到外物的感动，会受到外物的刺激和诱惑。情欲受到外物感动，无限膨胀，得不到节制，于是便形成了性恶，因此档案美学的人性论主张用礼节来节制情欲，如果情欲得到了很好的节制，便形成了性善。虽然档案美学的人性论认为人性能形成性善或性恶，但本身人性并无善恶之分。显然，档案美学的人性论受到了孟子的性善论和荀子的性恶论的影响，但又不是简单机械地定义性善或性恶，而是综合了性善与性恶的理论，形成了独特的以"静"释"性"的性无善恶论。

（二）自然属性和社会属性相结合的人性

档案美学的人性论在论述人禽之辩中，认识到人性呈现于人的社会属性时，而在其关于"性"与"情"的论述中认为人性包含于人的自然属性之中，那么档案美学的人性论究竟是自然属性还是社会属性呢？档案美学的人性论认为人是具有自然属性和社会属性的两面性的动物，人性不单单体现在人的自然属性之中，也不可能只体现在人的社会属性中，而是通过自然属性和社会属性的两方面体现出来。档案美学的人性论不强调人的自然属性也不强调人的社会属性，档案美学的人性论是在论述人的自然属性与社会属性的基础上形成的独特的人性论思想。

（三）儒道结合的人性论

档案美学的人性论吸收了孟子性善说的某些观点，它认为当人的情欲被礼节控制的时候，便能形成性善。孟子性善论对档案美学的人性论的影响突出地表现在对心的看法上。档案美学的人性论还认为人性虽然并无善恶之分，但人性受外物感动能形成善恶，这显然是受到荀子性恶说的影响，其影响突出地表现在对情欲的分析上。从前文论述中可以看出，档案美学的人性论并不是简单地继承儒、道的人性论思想，而是在继承的基础上发展形成了档案美学独特的人性论。档案美学的人性论接受了道家的用"静"与"动"把性与情欲区别开来的思想，提出性静情动的观点。

第三节 档案美学与辩证观

一、联系的观点与档案美学

唯物辩证法的联系观认为联系是指事物内部和事物之间相互影响、相互制约、相互作用的关系，联系是客观的、普遍的、有条件的。联系是普遍的，世界上的一切事物都不是孤立的，世界上的一切事物都与周围其他事物有着这样或者那样的联系。每一个事物都是普遍联系的部分或环节，整个世界是一个普遍联系的有机整体，同时联系也是客观的，联系的客观性是事物本身所固有的，它是不以人们的意志为转移的。

在档案美学的美学理论建构中，我们也必须承认联系是普遍的、客观的，联系必然存在于档案工作中的各个环节，档案工作也与周围其他事物存在着这样或者那样的联系，档案工作是整个社会发展整体的有机组成部分。档案工作中的这种联系客观性，不以档案工作中的任何人的意志为转移。

唯物辩证法的联系观认为，事物是千差万别的，事物的联系是多种多样的。在实际生活中，人们容易看到的是那些直接的、表面的和眼前的联系，而往往忽视那些间接的、本质的和长远的联系，忽视事物之间相互联系的中间环节。因此，把握联系的多样性，对于我们正确认识档案美学理论思想具有十分重要的意义。

档案美学的联系观也离不开唯物主义辩证法的发展观。在档案工作中，联系也是客观存在的、多种多样的，档案工作者与档案工作者之间的联系，档案工作者与档案规律、档案收集、档案整理、档案利用之间都是相互联系着的，甚至档案工作者与社会环境等各个环节都是相互联系着的，这种唯物主义辩证法的发展观在档案工作中无处不在、无时不有，也是多种多样的。

唯物辩证法的联系观还要求我们正确认识和处理整体与部分的辩证关系。整体居于主导地位，整体统领着部分，且具有部分所不具备的功能，整体居于主导地位，整体的功能状态及其变化也会影响部分，立足整体，统筹全局，选择最佳方案，实现整体的最优目标，从而达到全体功能大于部分功能之和的理想状态。

档案工作与整个社会是部分与整体的关系，档案工作是千百万种工作的其中之一，因此，档案工作的联系观也要求我们必须处理好部分与整体的关系，档案工作也必须服从、服务于社会发展这个整体，在这个整体中发挥档案工作作为部分的职能，档案工作者必须发挥好自身的作用。

二、发展的观点与档案美学

马克思在论述发展观的时候指出，世界上的一切事物都有一个从产生、发展到灭亡的过程，与此相联系，人的认识作为客观事物的反映，同样也是一个充满矛盾的辩证发展过程，即人的认识要随着客观事物的发展变化而变化，客观事物的发展运动决定了人的认识的不断发展和与时俱进。

唯物辩证法的发展观认为一切事物都处在永不停息的运动、变化和发展过程中，整个世界就是一个无限变化和永恒发展着的物质世界，发展是新事物代替旧事物的过程。

档案美学的发展观从世界的普遍联系和永恒发展的观点出发，把档案工作看作一个由各个要素或子系统组成的社会有机整体，同时，档案美学的发展观认为，档案工作也是处在不断变化和发展中的有机整体和复杂系统中，档案工作是一个相互联系、相互作用的整体。

档案美学的发展观一方面强调档案工作的客观规律性，另一方面又指出人的自觉活动在档案工作发展中的作用，把两个方面辩证地联系在一起。档案美学的发展观把档案工作的发展过程看成是自然发展史的过程，从而创立了真正的科学发展观。档案美学的发展观认为，档案工作也是自然历史发展的过程。

档案美学的发展观强调要正确处理人与自然的关系，促进人和自然的协调发展。档案美学的发展强调要正确处理档案工作与自然系统的关系，促进人与自然的和谐发展。在档案美学的发展观看来，档案工作者与自然的价值关系是以档案实践为基础的，档案实践首先使自然界人化，自然界的人化就是人的本质力量对象化的过程。人以一种物质力量影响自然界、改造自然界，这一过程就是人类通过实践创造对象世界、占有自然的过程。

档案美学的发展观还强调和重视人的发展。档案美学的发展观认为档案事业发展的核心和最高目标是档案工作者个人的发展，档案工作者的全面发展才是档案事业发展的终极目标，只有个人得到了发展，档案事业才会得到更好的发展。

三、对立统一与档案美学

马克思的唯物辩证法认为，矛盾的普遍性与特殊性是辩证统一的，矛盾的普遍性即矛盾的共性，矛盾的特殊性即矛盾的个体，共性作为无数个性中共同的东西，只能大致地包含个性的某些方面或本质，而个性则随着条件而不断变动，共性寓于个性之中，个性离不开共性，两者密切联系，不可分割。共性和个性、普遍性和特殊性相结合是唯物辩证法的对立统一规律，即对立面的统一和斗争的规律或矛盾规律，它揭示出自然界、社会和思想领域中的任何事物都包含着内在的矛盾性，事物内部矛盾双方推动着事物的发展。

档案美学的对立统一观点直接承用了唯物主义辩证法的一些重要的对立统一的概念范畴及其内涵，比如天地、阴阳、鬼神、动静、刚柔等都体现了唯物主义辩证法的对立统一哲学范畴。

档案美学的对立统一观点承认对立面的同一和斗争。同一和斗争是档案美学矛盾双方所固有的两种属性，同一性表现为档案美学中矛盾的对立面之间具有相互依存、相互渗透、相互贯通的性质，斗争性表现为档案美学矛盾中对立面之间具有相互排斥、相互否定的性质。

档案美学的对立统一观认为矛盾的同一性和斗争性是相互联系的。矛盾工作中矛盾的同一是对立面双方的同一，它是以对立面之间的差别和对立为前提的。档案工作中矛盾的斗争性寓于矛盾的同一性之中。斗争是统一体内部的斗争，在对立面的相互斗争中存在着双方的相互依存、相互渗透。斗争的结果导致双方的相互转化、相互过渡。

档案美学的对立统一观还认为矛盾的同一性是相对的，矛盾的斗争性是绝对的。矛盾的同一性是指它的条件性，任何矛盾统一体的存在都是有条件的；矛盾的斗争性的绝对性是指它的普遍性、无条件性。矛盾的斗争性不仅存在于每个具体矛盾运动的始终，而且也存在于新旧矛盾交替的过程中。

档案美学的对立统一观还强调矛盾双方既统一又斗争地推动事物发展。矛盾的同一性是矛盾存在和发展的前提，矛盾双方互相渗透，贯通为矛盾的解决准备了条件；矛盾的斗争性导致矛盾双方力量对比和相互关系不断变化，以致最终造成矛盾统一体的破裂，致使旧事物被新事物所取代和相互关系的不断变化，以致最终造成矛盾统一体的破裂，致使旧事物被新事物所取代。

因此，从档案美学的对立统一观论断中我们可以看出，任何事物都包含了对立的局面，因此事物的变化发展都不应该无度，破坏了事物质的规律性便会打破事物对立统一的局面。

第四节 档案美学与和谐观

和谐由"和"与"谐"两个字组成，"和"者，和睦也。"谐"者，相合也，有顺和、协调，无抵触、无冲突之意。和谐是中国传统文化的精髓，和谐本来就是一个美学概念，欧洲哲学家毕达哥拉斯就提出了"美是和谐"的观点。在中国人看来和谐首先是从声音去看和谐的，最初表现为"和"即唱和之和，来自音乐，甲骨文和金文都出现过"和"字，意义为声音相应和谐。中国的《尚书》早就提出"八音克谐（龤）"的"谐（龤）"，其本义也是从"和众声"而来，八种音同一时间合在一起，就达到了很和谐、很美的效果。《说文》云："龤，乐龢也。"段玉裁注云："龤训龢，龢训调，调训龢，三字为转注。龤龢作谐和者，皆古今字变。"《乐记》也认为"凡音之起，由人心生也"。乐为心声，声音同心有联系，亦即与思想感情有联系。

中国人谈"和"注重由表及里、由外在联系到内在联系地去讨论，因此，人们把审美的概念提升到道德伦理的层级、提升到政治观念的层面，认为"和"是社会、人及关系最高的境界，把"和"提升到了一个理想的、政治的境界，形成一个完美的社会结构。

档案美学的和谐观倡导的和谐，主要是出于政治和伦理上的考虑，即要求和谐的社会关系、和谐的政治环境。

档案美学的和谐观还表现在伦理道德上，人们在对真、善、美等伦理道德的探寻中，始终都没有忽视和谐在其中所发挥的重要作用。众所周知，儒家十分讲求秩序，要想实现这种秩序必然要找到维系人与人之间关系的纽带，因此，档案美学的和谐观把和谐作为这种纽带，通过建立各种和谐观进而实现自身与外界的和谐。

由上文分析可以看出，和谐的表现形式有很多种，但在档案美学中，其可以概括成宏观、中观、微观三个方面的和谐观。

一、宏观的和谐观

笔者认为档案美学中宏观的和谐观就是人与自然、人与天的和谐，即所谓的宏观和谐观。

笔者之所以把人与自然、人与天的和谐归类于宏观的和谐观，是因为先哲们在处理人与自然、人与天的关系时，总是把天与自然看成一个整体宇宙，在这个整体中，肯定人与自然的同时，强调人类应当认识自然，反对一味地向自然索取，反对片面地利用自然和征服自然。强调人与自然、人与天的宏观和谐观由来已久，从《易传》的"太和观"、老子的"道法自然"、庄子的"万物与我为一"等观点中便可窥见一二。

档案美学同样强调人与自然和谐的宏观和谐观。档案美学的和谐观认为档案工作者与天地一样协和万物，档案规律与天地一样节制万物，因为协和，所以万物不失本性；因为有节制，所以与自然协和。档案工作者是用来协和万物的根本，档案规律是用来节制万物的根本，档案工作者要利用档案规律来和谐地处理档案工作中人与自然、人与天的关系。

此外，人与天的和谐关系在前文已有所论述。

二、中观的和谐观

何为中观的和谐观？中观的和谐观就是人与人、人与社会的和谐观。中国古代先贤们都十分注重协调人际关系，追求和谐的人际关系，建构和谐的人际环境。孔子追求的理想人格便是善于宽厚处事、协和人我的人格；孟子也提倡"老吾老以及人之老，幼吾幼以及人之幼"。老子提倡"无为"和"无争"，希望人们效法天道，彼此和谐相处，宽大为怀；墨子则提出"兼相爱"和"爱无差等"的理想社会方案。

档案美学的和谐观也十分注重人与人之间的和谐关系，档案工作者是做好档案工作的根本，档案工作的发展离不开人的发展，比如要求人与人之间的相互交往，在相互交往中必然注重人与人之间的和谐关系。另外档案工作者也是社会的人，档案工作也是社会发展必不可少的重要环节，档案工作要得到发展，必然要处理好自身与社会其他工作的关系，达到与社会的和谐。

由以上分析可知，档案美学的和谐观也十分注重追求和谐的人际关系以及和谐的社会关系。

三、微观的和谐观

那么何为微观的和谐观呢？微观的和谐观，即正确处理人的身心关系的和谐观。

中国古代先哲们都十分强调人之身心和谐，力求保持平和恬淡的心态，正确处理理与欲的关系。他们将人视为宇宙的中心，认为只有人自身的全面和谐，才会有更大范围的和谐。人的身心和谐是先贤们追求的理想人格。

孔子提倡"欲而不贪"，老子则主张人之形体与精神的合一。不管是儒家还是道家都十分强调和谐的身心关系，主张通过和谐自身来实现其他各方面的和谐。

档案美学的和谐观也十分重视身与心的和谐。档案美学强调对"欲"的节制，人的欲望得到了控制，身心就得到了和谐。档案工作是一项十分枯燥、烦琐的基础工作，档案工作者常常与一堆看似废纸的档案打交道。档案工作者必须要守得住清贫、耐得住寂寞、注重自身的个人素养修炼。档案工作者要注重身心的和谐，只有心态平和，才能达到身与心的和谐，才能全身心地投入到伟大的档案事业发展中去。

"和谐"的相关范畴将在另一章节中进行详细叙述，故在这里仅作简单介绍。

第五节 档案美学与其他哲学思想

一、档案美学与辩证唯物主义

辩证唯物主义认为，物质是不依赖于人的意识并能为人的意识所反映的客观实在。无论是自然界的存在与发展，还是人类社会的存在与发展，都不依赖于人的意识。这种不依赖于人的意识的客观实在性就是物质性。物质决定意识，先有物质后有意识，意识是物质世界长期发展的产物；意识离不开自己的物质基础——人脑；意识的内容只能来自物质世界，离开了物质世界，人脑不会自行产生意识。整个世界是不依赖于人的意识而客观存在的物质世界，世界的本原是物质，物质对意识具有决定作用。物质决定意识，意识是对物质的反映，意识不是自生的和先验的，认识世界的形式是主观的，认识世界的内容是客观的。意识对物质起能动作用，意识的能动作用首先表现在，意识不仅能够正确反映事物的外部现象，而且能够正确反映事物的本质和规律。意识的能动作用还突出地表现在，意识能够反作用于客观事物，正确反映客观事物及其发展规律的意识，能够指导人们有效地开展实践活动，促进客观事物的发展。歪曲反映客观事物及其发展规律的意识，则会把人的活动引向歧途，阻碍客观事物的发展。物质的决定作用是第一位的，意识的能动作用是第二位的，两者不能并列，但也不能孤立地、片面地强调某一方面。

档案美学也必须坚持唯物主义关于物质与意识的观点的论述，档案美学资源是客观存在的物质世界，不以任何人的意志为转移，也不依赖于人的意识，其是档案美学方法和档案美学理论存在的前提和基础。而档案美学方法和档案美学理论则是对客观存在的档案美学资源的反映，正确反映档案美学资源的本质和规律，同时又反作用于档案美学资源这个客观存在的实际，全面而系统的档案美学方法和档案美学理论又进一步促进我们去认识档案美学、改造档案美学，更好地促进档案美学事业的发展。

二、档案美学与全面观

全面观是哲学辩证法中的联系观的重要内容。唯物辩证法认为，整体处于统帅的决定地位，部分服从和服务于整体。部分是整体中的部分，部分离不开整体，离开了整体，部分也就不能称为部分，失去了原来存在的意义。所以，要从整体着眼，顾全大局，树立全局意识。全局意识，顾名思义，就是从客观整体的利益出发，站在全局的高度看问题、想办法、做决策。全局是一个相对的概念，其关系是辩证统一的，二者既相互联系，又相互影响。

在档案美学工作中，我们也必须树立全面的观点，档案美学与社会主义其他事业是密不可分的关系，与其他事业的发展相辅相成，是整个社会主义事业的一部分，档案美学事业的发展离不开社会这个整体，失去了社会这个大整体，档案美学事业发展也失去了原来的意义，同时，社会整体的发展也离不开档案美学事业的发展。同理，在档案美学事业发展这个整体中，不管是档案美学理论的建构，还是档案美学实践活动的开展，与档案美学事业发展的关系都是部分和整体的关系，档案美学工作者也应该处理好部分与整体的关系，顾全大局，着眼于整体，树立全局意识和大局意识，站在大局的角度，从整体的利益出发，在处理好整体与部分的关系的同时，兼顾部分的利益，促进整体与部分的共同发展，以此来促进整个档案事业的发展。

三、档案美学与主次矛盾

在复杂事物自身包含的多种矛盾中，每种矛盾所处的地位、对事物发展所起的作用是不同的，总有主次、重要非重要之分，其中必有一种矛盾处于支配地位，对事物发展起决定作用，这种矛盾就叫作主要矛盾。正是由于矛盾有主次之分，方法论也应当相应地有重点与非重点之分，要善于抓重点、集中力量解决主要矛盾。主要矛盾是指在复杂事物中包含多个矛盾，其地位和作用是不平衡的，其中必有一个矛盾居于支配地位，对事物的发展起决定作用，这个矛盾就是主要矛盾。反之，不处于支配地位，对事物的发展不起决定作用的矛盾就是次要矛盾。

档案美学资源的收集整理工作是取得和积累档案美学资源的重要途径。档案美学资源的收集整理工作在档案美学工作中处于一种特殊的地位，是决定档案美学工作存在和发展的重要条件，是衡量档案美学工作的重要标尺。

由前面章节的简要论述与分析可知，档案美学的哲学来源纷繁复杂。由于笔者的知识水平有限，论述不能面面俱到，希望这些论述能有利于档案美学工作的发展，起到抛砖引玉的作用。

第二章 档案美学本质的
多元化阐释

　　档案是什么？这是档案工作的元问题。深刻理解档案的本质，将有助于我们更好地解决档案理论和实践工作中遇到的种种问题。

第一节 档案本质属性

　　关于档案本质属性的论述有很多，档案具有历史再现性、知识性、信息性、政治性、文化性、社会性、教育性、价值性等属性，其中历史再现性为本质属性，其他皆为一般属性，因此，可将档案的定义简要地表述为：档案是再现历史真实面貌的原始文献。目前关于档案本质属性定义的观点主要有以下四种。

　　第一种是传统的看法，即档案的本质属性是原始记录性。吴宝康教授明确指出：档案是历史的原始记录，或者说是原始的历史记录。这是档案的本质属性，档案在与其他事物相比较而存在的过程中所显示的独有的特性，就是原始记录性。刘东斌先生认为：档案的原始记录性，反映了档案的本质特征，它是档案与其他文献最根本的区别。第二种是伍振华教授的看法，即档案的本质属性是备以查考性。他在 1992 年第 6 期《四川档案》

上刊登了一篇题为《档案的本质属性是什么》的文章，论证了档案的本质属性是"备以查考性"，而不是"原始记录性"；后于 2000 年第 6 期《档案学通讯》上又做了进一步论述，认为"档案是备以查考的文献，档案的本质属性就是'备以查考性'"。随后他还发表了多篇专论档案本质属性是"备以查考性"的文章。第三种是陈兆祦教授的看法，即档案的本质属性是归档保存以备查考。第四种是陈忠海教授的看法，即档案的本质属性是原始记录性和备以查考性。

我们现在谈论的属性就是档案的本质属性，所谓本质属性是指事物的有决定性意义的特有属性，即决定该事物之所以为该事物而不是别的事物的特有属性，与"非本质属性"相对。客观事物千差万别，它们各自所具有的不同的性质、特征，都是由其各自所具有的不同的本质属性所决定的。例如，"能制造和使用生产工具的动物"是决定人之所以为人的特有属性，所以它就成为人的本质属性。要形成有关事物的科学概念，就必须揭示和把握事物的本质属性。任何事物都有许多的属性，在事物的诸多属性中，有些属性是某个或某类事物所特有的，决定该事物的本质，并把这种事物与其他事物区别开来。这种就是事物的本质属性，它是事物本质的规定性。本质属性具有唯一性。对于事物的本质属性，从理论层面上认识比较容易，但要从客观存在物中认识并给予科学的表达则是一件难度极大的事情。因为本质属性是隐藏在事物内部的，往往会通过现象甚至假象表现出来，所以我们必须依靠辩证的思维，透过现象看本质。因此，要认识事物的本质属性，就必须要辩证地认识事物，为我们定义档案本质奠定基础。

第二节 档案本质的语言学阐释

档案是人们在用言语或其他形式来表达人类历史活动、思想感情、思维过程与结果时而保持下来的具有原始性、历史性、价值性的各种原始记录。其本质可以从语言学方面进行阐释，对档案本质的多元化探讨有利于进一步更好地开展档案工作。

笔者认为档案的本质可以从语言学的角度进行阐释。

一、什么是档案

从语言学方面来看，"档案"的本质是人们在用言语或其他形式来表达人类历史活动、思想感情、思维过程与结果时而保持下来的具有原始性、历史性、价值性的各种原始记录。

二、档案的语言学渊源

就概念使用而言，"档案"一词的概念比较复杂，它常与"原始材料"、"原始记录""历史记录""信息载体""文书"等概念联系在一起定义，比较混乱，有待进一步梳理。笔者认为定义混乱的原因，主要是没有区别开"档案"与相关概念的语义特征。

"档案"一词古已有之，只不过古人在早期常把"档"与"案"两字分开使用。探析"档案"一词，我们可以从语义学和训诂学两个角度来入手。第一，从语义学角度探析，我们不得不从两字的本义着手，新编《辞海》中"档"的本义是存放公文、案卷的框架，引申为案卷；《说文解字》中，对"案"的解释是"几属，从木，安声"，它的本义是一种木制相当于现在的桌子一类用具，引申为案卷。这两种案卷虽然指同一物，但"档"是指处理完毕，积聚后被储存起来的文书，而"案"则是指在办理形成阶段的文书。第二，从训诂学角度来看，考据"档"字渊源，我们又不得不提到"当"字。古代，"当"不仅仅是一个多义字，而且还是一个多音字。"当"字有两种读音：一读都朗切，当，平声（dāng）；二读丁浪切，当，去声（dàng）。根据辞书对"当"字平声项（dāng）的释义：偶也；犹合也，与"档案""文书"并没有什么联系，不过去声项下的"当"义与"档案""文书"之义有一定关系，"当"：底也。沈括《梦溪笔谈》卷一载："予按唐故事，中书舍人职掌诏诰，皆写四本，一本为底，一本为宣。"这个"底"就是作为档案保存的。

清人也有把档案称作"底案"或者"底薄"的。《柳边纪略》中其卷一记载人们出入山海关的时候，要办理"记档""销档"的手续，是说人们进入山海关时，要记档，出来时则要销档，这种"记档"不就是登记留底吗？在古代，"当"与"档"既是同音字又是同义字，当是异体字，"当"是"档"的初字。在汉字还没有完全规范的情况下，行文中既可以当作"当"，也可以当作"档"，只是在汉字的不断发展中，"档"字逐渐替代了"当"字。档案的概念可以追溯到明末清初，最早见于明末清初的《柳边纪略》："边外文字，多于书本，往来传递者曰牌子，以削木片若牌故也；存贮年久者曰档案，曰档子，以积累多，贯皮条挂壁若档故也。然今文字之书于纸者，亦呼为牌子、档子矣。"这算是早期对档案一词的解释或描述，还不能算作对档案概念的定义。

"档案"一词较最出现在康熙十九年（公元 1680 年）的《起居注》中："上问：'马哈喇之父与叔皆殁于阵，本身亦有功牌，其罪如何？'大学士明珠奏曰：'马哈喇之父与叔阵没，皆系松山等处事部中无档案，故控告时部议不准。'"这是正式文献记载中，第一次出现"档案"一词。

三、档案种概念和属概念的区别

弄清楚档案的概念之前，必须弄清楚档案的种概念和属概念，档案的种概念是什么呢？所谓种，是事物本身所固有的性质，具有客观性的、不以人的意志为转移的本质属性，指事物本身所固有的，决定事物性质、面貌和发展的根本属性。所谓属概念，即种概念的所属的概念之一，与种概念是部分与整体的概念，是种概念不可分割的有机组成部分。因此认清档案种概念和属概念有利于我们更好地从本质上定义档案的概念。

在用种概念定义档案这个概念之前，我们必须梳理清楚以下几个概念。

（一）文件与档案

对档案概念的理论认识和科学定义，是从文件开始的，比较具有代表性的主要有：何鲁成的《档案管理与整理》一书认为："档案这乃已经办理完毕归档后的文件。"周连宽的《档案处理法》一书认为："所谓档案，系指处理完毕而存储备查之公文的文件也。"殷钟麟的《中国档案管理新论》一书认为："档案这一机关中文书处理手续完毕后，集合收发文件。"龙兆佛在1940年出版的《档案管理法》中称："单一的文件，正在办理运行，尚未完成而未归档的称为文书，而办理结束，汇集同案的文件才能叫档案。"根据龙兆佛先生对文书与档案的界定，我们不能把档案定义成文书。

以上几种关于档案的定义，都认识到了档案与文书的联系和区别，以及文书转化为档案的基本条件，达成了"文件是档案前身，档案是由文件转化而来"的共识。但这些观点也具有局限性，即基本上是以机关文书为研究对象的，"文件"仅仅只是档案概念的属概念之一，其外延较窄，有着一定的局限性。

（二）文件材料与档案

随着档案工作的不断深入和发展，越来越多的档案被纳入档案工作的范围，档案的概念从最初的机关公文发展到机关团体、企业和个人在工作中所形成的全部文件材料。档案界诸多学者将文件材料等同于档案，产生了重要的影响。随着档案概念外延的扩大，开始把收文、收电、发文底稿、内部使用文件、电话记录、会议记录、出版物原稿、簿册、图标、照片、录音，甚至科技档案等文件材料都纳入了档案之列，文件材料即档案的概念取代了文件即档案的概念。但笔者认为"文件材料"也仅仅只是档案概念的属概念之一，其外延也远远小于档案概念的外延，因此，把"文件材料"定义为档案的种概念也实为不妥。

（三）"原始材料""原始记录""历史记录"与档案

1992年1月，山东大学历史考古实习队在邹平县苑城丁乡公村发现刻有5行11字的陶片，这些陶片被专家判定为比甲骨文档案还早800多年的档案，如果把"原始材料""原始记录""历史记录"定义为档案的种概念，那么所有的档案就应该是"原始材料""原始记录""历史记录"，事实上有一部分档案并非历史的记录、原始的记录，但是不把这部分材料归为档案也是不恰当的。因此，把"原始材料""原始记录""历史记录"定义为档案的种概念也不合适，这显然是混淆了语义学中属概念和种概念的区别。

通过对前面几个概念的梳理，我们发现不管是"原始记录""历史记录""原始载体"还是文件、文件材料等概念，都仅仅只是档案概念的属概念之一，无一例外其外延较窄，显然不能与"档案"放在同一个层面上去并列使用。而另一方面非属概念的概念也有很多与档案有关，比如声像、音像制品等。所以，从语义学角度来看，把属概念作为种概念来看待，显然是混淆了种、概念的逻辑关系。

第三节 档案本质的信息化阐释

档案是什么的问题，还可以从信息化方面得以阐释。从信息化角度深刻理解档案的本质，将有助于我们更好地解决档案理论研究和档案实践工作中遇到的种种问题。

一、现代信息论

信息论是由美国数学家香农创立的，它是用概率论和数理统计方法，从量的方面来研究系统的信息如何获取、加工、处理、传输和控制的一门科学。现代信息论认为，系统正是通过获取、传递、加工与处理以及反馈信息而实现其有目的运动的过程。

二、档案与信息论

现代信息论为我们认识档案本质提供了科学的思维方法，现代信息论认为，以文字、语言、图像等抽象概念符号把客观物质运动和主观思维运动的状态表达出来就成了信息。由定义可知：信息不是物质，也不是能量，信息既是客观存在，又受主观影响。信息是客观的，我们能够感知、探测、识别它；信息是主观的，我们对信息的理解、运用等都要受到个人观念、气质、性格、动机、兴趣的影响。

"档案"与信息有没有联系呢？回答显然是肯定的。档案作为信息的一种存在形式，是重要的原生信息源。档案是在社会实践活动中形成的人类认识世界与改造世界的历史记录，是宝贵的历史文化财富，它汇集了浩瀚的知识和丰富的信息，是社会信息资源的重要组成部分，是取之不尽、用之不竭的信息源。档案收集过程即信息积累过程，加工处理则是信息同化过程，提供利用则是信息外化过程，对实际效果和预期目的进行评估则是信息反馈过程。

三、档案信息化

档案工作的整个过程为信息化过程：信息积累—信息同化—信息外化—信息反馈。

（一）信息积累

信息积累就是专（兼）职档案工作者利用专业手段感知外部世界的信息，对他们进行收集整理的过程。档案工作者收集档案的过程即信息的收集过程，在浩瀚的信息材料中，档案工作者需要从那些明显具有原始性、真实性、权威性的纸质档案中，将这些信息积累起来，通过自己的专业知识来进一步确认能转化为档案的材料。就目前我国档案信息实际情况来看，除了传统档案以外，新兴的档案信息领域也在不断丰富，包括各种声像资料、网络资料等，因此要求现代的档案工作者收集资料时要做到门类齐全、结构合理，为开展档案信息积累工作提供资源保障。正是有了档案工作者的积累过程才有了信息转化的可能性，所以信息客观地存在于物质世界，但对档案来说还只是"可能性"的信息，要成为现实性的信息，中间还少不了实践这个环节。只有通过档案工作者的辛苦劳作，那些客观存在的物质信息才能转化为现实性的信息，所以信息积累就是要把潜在档案信息转化为现实档案信息。

（二）信息同化

信息同化指的是档案工作者传递、加工、处理、编码、存储信息的过程，通过收集获取现实的档案信息，充分发挥档案工作者的主观能动性，使那些原始记录、原始材料、历史记录、信息材料、文献材料等有利用价值的信息得以保存，同化有价值的信息。在信息同化这一过程中，饱含着档案工作者的劳动成果，这一过程也是对那些有价值的档案信息进一步处理的过程，使理论上有利用价值的档案成为能产生经济价值的现实档案，为进一步提高档案信息的利用程度提供了现实的可能性。

（三）信息外化

信息外化指的是档案利用工作，档案工作的最终目的在于利用，档案利用工作是开展档案信息化的重要目标与意义，也是发挥档案价值的有效途径。随着信息时代的到来、信息需求的日益膨胀、现代通信技术的广泛利用、生活节奏的加快，人们不仅对档案信息内容的精度与广度提出更高的要求，对服务方式的便捷与多样性也提出了更高的要求，因此追求档案利用的多元化也势在必行。另外档案利用者的范围必须扩展到社会的各个阶层、各个领域。一方面，将档案馆收集、归档的资料扩大到社会各层面，包括普通社会公众的素材，为普通公众提供服务；另一方面，随着信息需求量的日益增大，任何一个人都可能由于各方面的原因而期待利用档案查找相关资料。因此档案信息的外化同样要求扩大利用领域，只有将档案应用到更多领域，档案信息的这一外化活动才能得以完成，档案信息化的价值才能得到体现。我们要不断地开发档案信息资源，变档案潜在价值为现实价值，最大程度地服务于社会。

（四）信息反馈

信息反馈，是指把档案利用的结果作为信息收集回来的过程。档案信息输出后，要判断其是否达到原先预定的"有目的性的运动"，换句话说，如果我们把档案利用看成是一个系统的话，那么系统的运行效果是否实现，系统本身并不能对其做一个标准的评价，实际效果和预期目的之间存在一定偏差，其内在的纠正机制就是信息反馈。信息反馈包括外部信息反馈和内部信息反馈。外部信息反馈主要是指档案利用者的信息反馈，如对档案提供利用方式的评价、利用档案取得的经济效益和社会效益等。内部信息反馈主要是指档案部门内部人员的信息反馈，如档案提供利用工作存在的问题和不合理之处、档案利用数据统计等，不管是外部信息反馈还是内部信息反馈，都会促进档案工作者冷静地反省自己的信息积累、信息同化、信息外化的过程，从而改进下一次的档案工作。因此，档案利用工作不仅包括档案部门的提供利用和档案利用者的利用档案，而且还包括不同行为主体的信息反馈。在档案利用这一活动中，档案工作者和档案利用者将发现的问题和情况，提出的要求、意见、评价和效益等，以信息的方式反过来传输给档案部门，档案部门据此来调节档案工作诸环节，使其逐步趋于完善，在满足利用者需求的过程中不断提高档案管理的水平。

第四节 档案本质的美学阐释

由于种种因素，社会上大多数人总喜欢把档案与枯燥、沉闷、乏味、单调等词语联系起来，甚至连天天同故纸堆、针线笔墨打交道的兰台人也很少把档案与美学联系起来，那么档案与美学是否有联系呢？回答显然是肯定的。正如高尔基所说的那样："照天性来说，人都是艺术家，他无论在什么地方，总希望把美带到生活中去。"既然美到处都有，广泛存在，那么它也广泛存在于档案中。由此，笔者认为档案实践不是一种机械劳动，而是一种发现美、表现美、鉴赏美、利用美的过程。档案实践中关于档案美是什么、怎么做、怎么样、为什么的询问，都与美密不可分。

一、档案美"是什么"

马克思说过："美是人的本质力量对象化。"在这一对象化过程中，档案作为一种客观物质存在，与其他美的事物一样，具备人类审美实践活动的三个要素：审美主体——有内在审美需要，与审美对象结成一定关系的档案工作者及广大利用者；审美对象——在实践活动中所涉及的客体——档案（含档案环境）；主客体结成的审美关系——档案的形式和内容同利用者相互作用所产生的一种精神联系。在档案实践活动中，审美主体和审美对象相互作用，审美主体能动地认识、作用于客体，最终使审美主体意识与外部客观现实达到相互统一、有机化合的过程。

档案美的基本内容包括以下几个方面：

（一）自然美

档案是最原始自然的历史记录，是古人关于纯朴自然美的表现，如最早的甲骨文、金石、简牍等就是最早的档案，这些载体就是最自然的东西，用这些自然存在的物质来记录当时的社会历史，具有阶级性和时代性，体现了自然美。

档案利用工作是建立在档案客观自然基础之上的，而档案作为文化资源的一种，无论是其载体还是内容都是客观存在的美。就载体而言，甲骨档案、铭文档案、敦煌经卷、居延汉简分别是构筑在甲骨、青铜器、丝帛和竹简这种本身就极具研究价值和欣赏价值的材料之上的。这种档案自然之美是显而易见的，档案利用者在查询档案的过程中也完成了欣赏美的过程。此外，随着科学技术的进步，档案的载体形式也更加丰富多彩，从传统的纸质档案发展到以磁带、光盘、胶片等多种合成材料为载体的档案，使得档案不仅具有静态之美，还具有动态之美。

（二）形式美

美必须以自然界的存在为基础和前提，不能脱离客观的物质属性，离开了物质，美就无所依附。作为审美对象的档案，是具体的、形象的，是档案工作者及利用者凭着自己的感官就可以直接感受到的。档案的形式美集中表现在档案的形状、色彩、质感和均衡、对称、和谐等形式因素上。档案总是记录在一定的物质载体上的，是人们一眼就可以看到的，无论是文字、图表材料，还是磁带、光盘，无论是卷式、册式，还是袋式、盒式，总以具体的形态展示于人们的视野之中，人们凭着自己的感觉就可以直接感受到。

除去客观存在的自然之美，档案统一规范的格式也呈现出整齐划一的美感。一个案卷，从案卷标题、案卷内文件起止日期到保管期限，从案卷包括的具体内容到采用的字体字号，都是有明文规定的。这种统一使得档案翻阅起来更为完整、匀称，使得档案具有整齐划一的和谐之美。

（三）内容美

内容美是档案美的根本，档案美蕴含着丰富的社会内容，是人类进行社会实践活动的原始的历史记录，是国家机构、社会组织或个人在社会活动中形成的有价值的各种形式的历史记录。档案记录内容真实、广泛，集真、善、美于一体。

（四）人体美

人体美是指档案美学工作者和档案美学利用者身上体现出来的美。档案工作人员是档案工作的主体，在社会美中，档案工作者的美最能反映出社会美的本质。人体美作为自然界进化的高级形态，在档案资源的生产过程中通过造型、动作、神韵等呈现出美的魅力。尤其是档案工作者的风神气韵，这种精神气质之美在形体美之中是牢牢占据决定性地位的。档案工作者在工作的过程中，通过眼神、表情，传递出对工作认真负责、对群众热情诚恳的信息，不仅给人以美的享受，更表达了档案工作者内心蕴含的以人为本、为人民服务的精神。

（五）人格美

档案工作中的人格美即人们所说的"心灵美""精神美""性格美""内在美"，它并不是指档案本身所表现出来的美，而是指在档案的管理过程中体现出来的档案工作者的人格美，是档案工作者在档案管理实践中体现出的坚忍不拔的意志、高尚美好的心灵、诚挚的情感、深邃凝重的思想、孜孜不倦的品质。它具体表现为档案工作者崇高的职业道德：拥有专业知识和娴熟的专业技能，具有崇高的历史使命感，淡泊名利，无私奉献，在平凡的岗位上持之以恒、脚踏实地、埋头苦干，收集、整理、编研、利用档案资料，在枯燥、烦琐、单调的工作中实现自身的价值美。

执行档案利用工作的工作人员无时无刻都体现着人格美。档案利用工作是服务性质的工作，是为群众及国家机关提供快捷服务的工作。档案利用工作也是一项重复性的工作——不停地为人们查询档案，不停地为人们提供服务。然而，档案工作人员并没有厌倦这种单一的工作，而是一生奉献，在日复一日、年复一年的工作中不断升华自己，追求崇高的灵魂。对于档案工作人员而言，这份工作也许无法轰轰烈烈，但是，却功在当代，利在千秋。正是一代代档案工作人员的坚持和努力，才得以保存如此之多的档案，才使得我们的文化一代代传承。档案利用工作人员在平凡的岗位上做出伟大的贡献，不仅仅使得档案得以流传、利用，也升华了人生的价值。

（六）人文美

档案工作中的人文美是指档案工作环境中蕴含的美，任何劳动都离不开具体的工作环境，工作环境的好坏直接影响劳动者的情绪。优美的环境、整洁的装饰、和谐的人际关系和浓厚的学习氛围，以及条理有序的规章制度等，无形中会鼓舞档案工作者，档案工作者即使辛苦，精神仍会感到轻松，能获得某种美的享受。档案馆是档案提供利用的场所，为利用者营造一个好的环境至关重要。档案馆应该营造出一种静谧、典雅的气氛，馆内应布置的温馨而不显奢华，给人一种幽静的感觉。好的环境可以让利用者感受到美，同时也会给工作者带来满意的体验，在档案馆的环境布置上要充分利用美学理论，让美渗透到每一个角落。

二、档案美"怎么做"

"怎么做"就是表现美的问题。表现美便是从美学理论角度阐释档案本质的重要环节。表现美就是要把档案工作者及利用者在工作实践中体现出来的档案美以及档案本身所显示出来的美传递给别人，让大家分享，这就是表现美。表现美可以从以下几个方面入手：

（一）劳动环境美

任何劳动都离不开具体的劳动环境，档案工作也不例外。劳动环境美可以直接影响劳动者的情绪，劳动者在优美的劳动环境里工作，即使再辛苦、再艰难，精神仍然会感到轻松愉快，能获得某种美的体验。档案工作者常常面临的工作环境大多数是条件比较艰苦的工作环境，每天面对一大堆单调、枯燥、乏味且重复的工作内容，难免缺乏生机和活力，这严重影响了档案工作者的劳动积极性，不利于提高档案工作者的劳动效率，因此创造一个宽松和谐与健康向上的人文环境与劳动环境，对档案工作者来说尤为重要。

档案馆作为档案利用工作发生的外部环境，不仅仅是档案利用者工作的场所，更是承载厚重历史的场所，因而它是具有建筑美的。每一个档案馆建筑的设计并不是随意为之，都体现了对中国传统建筑的尊重，对中国庭园和意境的回望，是功能性与艺术性的统一、文化内涵与历史底蕴的结合的大美之作。由此可见，档案馆建筑不仅仅是提供档案利用的场所，更是文化的体现、美的展示场所。

此外，档案馆内摆放整齐的陈列柜、错落有致的案卷无不体现了档案馆内的干净、齐整，给人以秩序感。

（二）档案藏馆美

档案藏馆美表现在档案馆的建设上，档案馆的建筑作为文化建筑，要造型美观而典雅，不但要求其坚固、实用、经济，便于科学地保管档案，而且要求其具有一定的审美价值。无论是整个建筑还是内部结构，都要让人看了有赏心悦目的感觉，与周围的亭、池、树相辉映，要透着幽雅。室内墙壁上绘画或是挂的艺术作品，要与档案相融合，营造出传统文化博大精深的文化氛围。

（三）档案排列美

档案排列美，表现在档案的装具上。不管是柜架，还是盒袋，都要科学、规范，符合国家的有关标准，兼顾美观方面的要求，应与库内整个的色调和谐，与库房的大小高低搭配，使它们在发挥功效的同时，带给人以美的享受。

（四）档案装帧美

档案装帧美表现在档案装帧上。装帧美追求朴素规范的美，在色彩上，现代档案一般都用米黄色的卷皮，显得朴实无华、美观大方，给人以稳重、安全、庄重的感觉。各类档案的案卷盒棱角分明、色调朴素、档案的封面、卷内文件目录、张页号的编写、备考表的填写不能过分繁杂而影响美观，对声像、照片等要求较高的专门档案的整理更要谨慎进行。

（五）档案检索目录美

档案检索目录美，表现在还未实现微机检索的档案馆里。手工检索的栏目设置要科学合理、内容要简单明了，以方便利用，同时要保证字迹清晰，使其整体美观整洁。

三、档案美"怎么样"

档案美"怎么样"就是鉴赏档案美的问题。怎样欣赏档案美，也是值得研究的问题。所谓鉴赏美，是审美主体在特定境域，有一定意向，即有一定的审美态度，同时，主客体在互联互动中生成富于情感性的精神价值，审美主体面对千姿百态的美的形象，会被激起一种特有的愉快的心理状态，即愉悦和享受，正是这种愉悦，使美的事物焕发出巨大的魅力，使人们在感受的时候，能够迅速被它吸引，心驰神往，获得精神上的愉悦和满足。因此，在鉴赏档案美的时候，一方面要想方设法创造一种轻松、和谐的审美环境，引起用户感觉的审美愉悦，通过美的刺激方式来激发其审美情趣，以满足人们对美的需求。另一面要不断培养和提高档案工作者和利用者的审美能力、审美观念、欣赏能力、创造能力，陶冶和美化他们的心灵，进而让他们树立崇高的审美理想、正确的审美观念和健康的审美趣味，发现档案美的真正内涵。

四、档案美"为什么"

档案美"为什么"则是从利用美的角度对档案美进行探求。发现美、表现美和鉴赏美的最终目的都是利用美。一方面我们要从档案美中得到美的享受。我们之所以能从档案美中得到美的享受是因为它具有感染性，除了具有整齐的外观、干净的馆舍优美的管理环境外，它还记录着人类推动社会历史前进的光辉史实，其中有人类认识自然、改造自然、战胜自然的伟大实践，还有人民群众不屈不挠斗争的可歌可泣的感人事迹，这些记录是教育广大人民群众的生动教材，它将在人们心中树立一面美好的旗帜，发人深省、催人奋进，置身其中我们能够获得一种愉悦的美好体验，在精神上得到升华。另一方面我们要利用档案美去感化人、熏陶人。我们可以通过提供、利用、展览、演讲、报告等多种形式，将丰富的馆藏信息展示出来，使人们感受到美的召唤、美的熏陶和美的启迪。

马克思在《1844年经济学哲学手稿》一文中论述人的自由自觉活动的特性时指出，"人总是按照美的规律来塑造物体"。档案也是这样，它体现了"是什么""怎么做""怎么样""为什么"之间的联系以及它们各自的内在规律，档案有规律，这就是"真"；档案有目的性、实践性、价值性，这就是"善"。当"真"和"善"作用于档案的使用者和管理者时，便会唤起人们情感的喜悦，碰撞出美的火花——形成了集真、善、美于一体的统一体，这就是"美"。因此从美学的角度来看，档案本质就是集真、善、美于一体的文件材料。

语言学、美学、信息论从不同侧面对档案"是什么"做出了回答，档案本质是唯一的，但我们越是多元化地认识和理解其本质，就越有利于以后更好地开展档案工作。

第三章 档案美学素养

现代新型档案工作对档案从业者的各种素养提出了更新、更高的要求，在诸多的素养中，档案工作者的美学素养首当其冲。档案从业者必须具备较高的综合档案美学素养，那么档案工作者的档案美学素养应该包括哪些方面，应该怎样建构，本章节笔者从档案美学素养的基本概念、档案美学素养建构的必要性、意义，档案美学素养的现状、缺失原因以及如何建构档案从业者的美学素养几个方面简要做了阐释，希望对进一步做好我们的档案美学工作提供借鉴意义。

第一节 档案美学素养的基本概念

在弄清楚怎么建构档案美学素养之前，我们必须理清下面几个基本的概念，只有弄清楚了这些基本概念，我们才能更加清楚如何建构档案美学素养。

一、素养的基本概念

素养是人们在一定环境和教育影响下形成的修养，由各种基本品质和能力构成，是人们通过长期学习和实践（修习培养）在某一个方面达到的高度，蕴含着"教育、训练、培养"之意。素养强调动态的修身养性。从广义上讲，素养是指一个人的修养，即一个人的道德品质、外在形象、知识水平与能力等，包括思想政治素养、文化素养、业务素养、身心素养等各个方面。

二、美学素养的基本概念

美学素养是指人们对美的认识、发现和创造的修养，是一种审美能力，是人文素养的重要组成部分，美学素养通常包括认识美、评价美、感知美、鉴赏美、享受美、表达美、创造美等意识和美的感知能力、美的鉴赏能力和美的表达能力，是人在长期的审美实践和对美学理论的学习当中积淀起来的美学文化底蕴及运用美学理论分析、鉴赏、评价审美活动和想象的能力。美学素养是在美学基础上形成的一种人文品质，它是人的全面发展的重要因素，是引人追求美好事物的价值基础。

三、档案美学素养的基本概念

档案美学素养素质指人们在档案美学素养方面所具有的综合品质或达到的发展程度。经过笔者的调查研究发现，目前对档案美学素养一词的解释在各类文献中尚无明确概念，笔者认为档案美学素养就是档案美学工作在档案美学理论研究和档案美学实践过程中将人类优秀的文化成果，通过知识传授、环境熏陶，使之内化为人格、气质、修养，成为人的相对稳定的内在品格。是档案工作在对档案美学理论与档案美学实践活动中长期积累起来的认识档案美、评价档案美、鉴赏档案美、享受档案美、表达档案美、创造档案美的能力和素养。档案美学素养是档案美学工作中对美的追求，是更高层级的精神需要，不仅关系到档案美学工作者的个人素养的提高，还关系到档案美学工作者工作与生活的质量，因此，在档案美学工作中档案美学素养的建构工作显得尤为重要。

第二节 档案美学素养建构的必要性

一、档案美学素养是时代发展的必然需要

档案工作要贯彻"以服务为导向"的理念，为了更好地做好档案工作，必须提升档案工作者的自身内涵，才能更好地为服务做好准备，这在客观上要求，必须提升档案工作者的档案美学素养。因为只有具备档案美学素养的档案工作者，才能真正树立"以服务为导向"的现代档案工作观念，把档案工作的对象和档案服务对象当成主体，做到档案工作是有情感的、鲜活的客观存在体。档案工作应该是通过主体、为了主体的发展，而在主体间进行的一种精神交流和对话，通过这种交流对话，不断激发自档案从业者的自觉意识、自尊意识，使其主动地寻求自我发展和进步的目标，不断完善自己，从而树立较好的个人素养。

随着经济的快速发展和物质生活水平的提高，必然导致档案美学工作者和档案美学资源利用者审美水平的提升，而高素质的档案美学工作者必须通过美学素养的培养，以适应社会对档案美学工作的人才需求，档案美学素养对档案美学工作者的学习和成长都有着至关重要的作用。

二、档案美学素养是档案工作者基本素养

档案工作作为光荣而神圣的行业，必须具备一些常见的基本素养，才能够更好地从事和档案相关的工作，而档案美学素养作为档案工作者综合品质应该达到的高度，是档案从业者必不可少的基本素养之一，只有当档案从业者具备了一定的档案美学素养才能更好地做好档案工作，用自身的魅力来感染其他人，档案美学素养的具备一方面能让档案从业者在枯燥乏味的档案服务工作过程中达到事半功倍的效果，另一方面，档案美学素养的具备，也有利于档案美学工作者能够更好地运用丰富的档案美学理论知识指导日常的档案美学工作和档案美学资源的开发与利用。

三、档案工作的人文性决定了档案工作者必须具备美学素养

档案工作与其他工作相比，是枯燥的、乏味的，大多数人都认为档案工作者在一定程度上无法与人的情感、态度、价值观密切联系起来，档案工作不过是天天在和一些废纸堆打交道，但现代新型的档案工作必须与一般意义上的情感、态度、价值观等层面上的东西联系起来。对于档案从业者来说，一方面，要求档案从业者必须用专业的档案知识和档案技能将实实在在的档案客观存在呈现出来；另一方面，又需要对档案从业者提出更高的要求，要求档案工作将情感态度价值观也需要在日常的工作中潜移默化。要将档案工作所呈现的人文性表现出来，则必然要求档案工作者具有更高尚的素养，那么档案美学素养的具备在此显得理所当然，只有档案美学工作者具备了更高层级的档案美学素养，才能在日常的档案美学工作中体现出档案美学工作者的情感、态度、价值观等人文性的层面的东西。

四、档案工作者的非情感性也决定了档案工作者的档案美学素养的存在

由于档案工作与其他工作不同，缺乏情感色彩，不能用丰富的情感色彩来表达一个个陌生和艰涩的档案事实，因此档案工作者的档案美学素养也就显得更为重要了。档案工作者必须通过自身的档案美学素养来表达其感情色彩及其表现服务艺术，虽然不能将档案客观存在表达出感情色彩，但是档案工作者可以通过一定服务艺术将档案客观存在有艺术地呈现给档案利用者，通过档案工作者的人文性演绎，才能唤起档案提供者和档案利用者的思绪和种种联想，从而对档案和档案工作产生浓厚的兴趣。

五、档案工作者学习过程也决定了档案工作者档案美学素养的存在

档案工作是一种过程性的线性实践活动，往往得出的东西是结论性的、直线性的结果。档案实践活动属于简单化和科学研究的范畴，需要档案工作者通过多种渠道、多种方式方法在研究中去研究。赋予了其固有的档案美学素养属性，虽然在一定阶段时间内的档案工作方式难以判定，阶段时间内取得的成果也难以显性化表露，档案工作者在此过程中获得的内心体验更无法用量的标准来衡量，但只要有收获，只要有进步，那就是好的，因此虽然档案工作在一定程度上能用量化的结构来加以衡量，也可以在一定的程度上加以量化，但是从档案美学素养的长期培养过程来看更需要档案从业者的美学素养来在量化的基础上得到内心愉悦的体验，达到量化和非量化标准的和谐发展，实现真正的档案素养的形成，由此我们也看出了档案工作者档案美学素养的重要性。

六、档案美学素养是档案工作者全面发展的客观需要

随着社会的不断进步，人类智力的不断发展，对从事档案工作的工作人员提出了更新更高标准的要求，要促进档案工作者全面的发展，档案美学素养的建构势在必行。档案美学素养的建构有利于丰富人的情感，提高档案工作的文化修养，增进档案工作者的身心健康，塑造出完美的人格，提升档案工作者的文化底蕴，通过自身较高的专业知识和美学素养，实现人的进步和社会发展，因此，档案美学素养的建构是档案工作者全面发展的客观需要。

（一）可以创造档案美学工作者良好的健康完美的素质

一个具有良好的美学修养的档案美学工作者应该懂得如何运用审美意识，在自身的生活环境和工作环境去创造各种美的条件，使之作用于生活，确保人格完美，还要善于运用各种有助于提高人的审美感受能力，以潜移默化的方式，使人们的审美能力得到加强，使档案美学工作者在审美关系中从心理上获得情感、友爱以及对周围美的事物的感受，使他们的审美需要得到满足；在美学素养潜移默化地熏陶下，塑造出完整的人格，进而达到美化人生的目的。

（二）良好的美学修养不仅有利于自身身心健康的发展，还有利于建立和谐的人际关系

健康的体魄，健全的心理状态，积极乐观的工作、学习、生活态度，仪表端庄、举止文雅、语言亲切、态度温和、工作态度认真等优良的职业道德，使其内在美和外在美和谐统一。这样，在正确的审美观的指导下，在档案美学实践工作中力求达到自身真善美的统一，在档案美学事业这个

大环境处于一种和谐安宁、舒畅愉悦的气氛中，由此产生一种身心俱佳的状态，对生活充满信心，并愿意与其他行业的从业者沟通，积极利用档案美学资源，从而促进和谐的工作环境进而建立了良好人际关系。

（三）有利于提高思维能力

人类认识事物的思维形式分为形象思维与逻辑思维，两种思维密切相关。从思维的发生学说，形象思维是基础，没有形象思维也就没有逻辑思维。所以，要提高人的思维能力，尤其对于档案美学工作者来说，更要注意形象思维教育。一般来说，一个人的知识水平和道德修养同思维能力是成正比的，但也并非是绝对的，还要有合理的心理结构，才能将知识、道德转化为一种智慧。日常生活、学习、工作中常有这样的现象：有些人书读的不少，人品也不错，可就是不会运用，甚至成为书呆子，这和平常缺乏美育教育，形象思维能力低，缺乏想象力有着直接的关系。因此，我们可以看出，档案美学素养的建构有利于提高人的思维能力。

第三节 档案美学素养建构的意义

前面章节我们了解了档案美学建构的必然性，那么建构档案美学到底有什么样的意义呢？笔者将从以下几个方面来探讨：

一、档案美学素养有利于提高档案美学工作者的审美意识

档案美学资源是传播人类精神文明的重要载体，档案美学资源在档案美学事业中发挥着重要的作用，档案美学资源的生成过程就是"美的生成过程",而档案美学工作要求档案美学资源具备美的内涵,使得档案美学资源利用者在利用档案美学资源过程中能享受到档案美学资源带来的乐趣,这就要求档案美学工作者具有深厚的美学素养、正确的审美观。档案美学工作者的审美意识直接决定着对其创造的档案美学资源的质量,档案美学资源的生成过程的每一个环节都浸透着档案美学工作者的审美情感和审美判断,是档案美学工作者追求美与创造美的艺术生成过程,因此,对档案美学工作者的美学素养要求将有利于档案美学工作者不断提升自己的美学素养,创造出更多具有审美价值的档案美学资源。

二、档案美学素养的建构有利于档案工作者的身心和谐

具备良好的档案美学素养,有利于档案工作者在日常的档案工作中懂得如何运用审美能力去发现美、创造美,将枯燥乏味的档案工作美化,确立积极健康的心态,积极健康向上的认真工作态度,才能在工作仪表端庄、举止高雅、言语亲切、态度温和、具有完美的人格魅力,通过其良好的档案美学素养,以潜移默化的方式,提高审美能力。因此,在日常的档案工作中获得身心上的愉悦,在热爱自身的档案工作的同时对周围美的事物的感受,使得他们的审美需要得到满足,因而有利于档案工作者的身心和谐。

三、档案美学素养的建构有利于提高档案工作者的鉴赏力和感知力

档案美学的鉴赏力影响着档案工作对档案价值的判断,影响着档案工作对档案的选择和取舍,对有价值的档案的鉴定起着关键的作用,因此,档案工作者对档案那种敏捷的审美感觉、精确的审美趣味、丰富的审美经验直接产生重要影响。档案工作者对档案美的感知能力更是对各种审美感

48

觉的综合运用，是对档案外在形式美与内涵价值美最直接的感知，是对审美对象瞬间的美的品味能力，这种以感觉和知觉为主的审美直觉是档案工作者发现美感的基础，它产生于各种审美心理、审美体验的过程中。因此，档案美学素养的建构有利于提高档案工作者对美的鉴赏力和感知力。

四、档案美学素养的建构有利于提高档案工作者的审美趣味

审美趣味是一个人的审美偏爱、审美标准、审美理想的总和。审美趣味集中体现了一个人的审美价值标准，带有主观能动性的选择，具有明显的定向功能，常常以主观爱好的形式反映着审美主体对审美对象和什么创造的需求。因此，档案工作者必须具有高雅、健康、进步的档案美学素养，用自身高雅的审美趣味感染身边从事档案工作的工作人员，让审美趣味与档案美学素养相契合形成崇高的档案理想信念，使审美情感转化成为提高自身审美情趣的内部推动力量，进一步形成完备的档案美学素养。档案工作的美学素养与档案审美趣味相辅相成，起到互相促进的作用。

五、档案美学素养的建构有利于提升档案工作者的文化修养

档案是富有阶级性和时代性的真实记录，是当时社会的客观记录，富有浓厚的时代文化气息，档案美学素养则要求档案工作者对档案美的追求更高层级的精神需要，即从档案工作者平凡的档案实践活动中体验自身文化修养的崇高之美，从自己创造活动中感受生命的激情之美。档案工作者对美的情感需要推动着档案工作者去追求美，从而成为美的体现者和创造者，档案工作者在不断体验美与创造美的客观活动中潜移默化地不断提高了自身的文化修养。

第四节 档案美学素养的现状及缺失的原因

美学素养是档案工作者人文素养尤其是档案美学工作者专业素养的一个重要组成部分，不管是在档案美学理论的研究中，还是档案美学实践中，档案美学工作者都离不开自身的美学素养的建构，但是在当前现实的档案美学工作实践中，档案美学工作者的自身素养的匮乏想象还是相当严重，面对纷繁复杂的档案美学理论，档案美学工作者显得茫然失措，这难免会影响到档案美学工作的档案美学实践，必然成为阻碍档案美学工作的重要原因之一，因此，对档案美学工作的美学素养建构，就显得尤为重要了，那么，究竟是什么原因造成当前档案美学工作者的档案美学素养的缺失呢？笔者尝试从以下几个方面的原因做简要的分析：

一、档案美学素养不能适应时代的发展要求

随着社会经济、科技的发展，人们的生活水平也越来越好，在不断满足物质需要的前提下，更多更高地追求精神需要，比如对审美的需要。而且现在人们对美的需要层次越来越高了，只有符合了档案美学利用者的审美需求档案美学工作才能有更好的发展空间。

尽管每个人的审美观不一样，但就整体来说，社会发展有一定的美学趋势。这就要求档案美学工作者能不断适应时代要求，不断在档案美学实践中开发新档案美学资源，不仅要熟悉日常的档案业务工作，还要挖掘内容与形式完美统一的档案美学资源，要求档案美学工作者不断深入了解审美规律，进行审美意识的构建，符合当代社会发展需求的档案美学资源。

二、档案美学工作者对档案美学及档案美学工作重要意义的认识不够重视

首先，对档案美学素养的要求是社会发展的需要。随着社会的进步，人们的生活水平日益提高，越来越多的人对精神需求提出更高层级的需求，比如审美的需要。而且现在人们对美的需要层次也越来越高，所以，就整体而言，档案美学工作的发展必定会带来对美学需求的趋势。其次，是档案美学工作专业人才素质拓展的需要。档案美学工作者的美学素养是档案美学工作应该具备的基本素养，是当代档案美学工作者最基本的素质要求，积极开展相关档案美学工作者美学素养的研讨和实践，是每个档案美学工作者的天职。最后，是档案美学自身生活审美实践追求的需要。只有符合了更高层次的精神需求，档案美学工作才能拓展更广、更美的生活空间，从而实现自己对人生的完美追求。另外，美学素养在促进档案美学的全面发展、综合素质的提高以及人格的完善等方面的作用也是非常重要的。但是，由于受传统思想的束缚，相当一部分档案美学工作者在档案美学时间过程时对档案美学持可有可无的态度而忽视了进行美学素养的渗透以达到育人的档案美学实践目标，最终导致了很多档案美学工作者对档案美学素养在整个档案美学实践工作中的重要意义认识不够。

三、档案美学工作者对档案美学及档案美学工作的相关理论知识缺乏深入了解

在我国，学科美育的发展历史比较短，处于比较落后的阶段，加之我国档案美学理研究的滞后，制约了档案美学实践工作的开展。总的来看，

在我国当前的档案美学工作者对档案美学理论及档案美学工作的了解并不是太多，这就导致了我国档案美学工作者对审美与社会的理论关系不太了解，对根据档案美学工作者的审美心理开展美育活动的规律及方法的理论了解也不多，因此，档案美学工作者在档案美学实践过程中开展的美育活动还缺乏理论的指导。

四、档案美学工作缺乏与时俱进的创新意识

随着科技的发展，人们的认知也在不断丰富，对美的认识也在不断变化，因此不同的时代的档案美学资源也体现了不同时代的审美趣味，因此，作为从事审美创造活动的档案美学工作者应该具有与时俱进的创新意识，在尊重客观的档案资源的基础上能接受新鲜事物，并跟上时代潮流，把握最新的美学形式，创造并引领时代的美学趋向，这样才能打造出档案美学资源的精品。只有将美学创造与时代发展紧密结合起来，并融入档案美学工作过程中去，才能够最大化地延伸档案美学工作的实效性，从而来更好地提升档案美学工作者的美学素质。

综合以上分析不难看出，档案美学工作者的美学素养在诸多方面都发挥着重要作用，但同时其缺失的现状也是不容乐观的，对此，应该通过种种途径来提高档案美学工作者的档案美学素养。

第五节 档案美学素养的建构

虽然爱美之心人皆有之，但并不代表美学素养就是与生俱来的东西，也不一定随着知识水平与文化水平提高而提高，美是客观存在的，但是这个客观存在的美也不是俯首即是，只有人通过自身的审美素养，凭借其审美经验，通过美的视觉发现其美的存在，自然存在的美必须经过人的心灵的创造，审美可以有许多不同的角度，也可以有不同的境界，要达到很高的审美境界，也并不是轻而易举的事情，因此，美学素养需要培养、陶冶和不断地提高，对档案美学素养来说，并不仅仅只是知识的简单学习，而更多的是需要档案美学工作者从心里去感悟。

那么作为一个合格的档案工作者，特别是在新型环境下的档案工作者应该具备哪些方面的档案美学素养呢？要追问这个问题我们必须寻根溯源，首先必须明白作为档案工作者应该具备哪些最基本的档案美学素养，笔者认为应该具备以下几方面美学素养：

表 1 档案工作者美学素养总览表

1.身体美	（1）体质健康；（2）精力充沛；（3）反应敏捷；（4）声音洪亮；（5）耳聪目明。
2.心理美	（1）爱护学生；（2）循循善诱；（3）学而不厌；（4）以身作则。
3.人格美	（1）勤劳勇敢；（2）诚实正直；（3）淡泊名利；（4）为人师表。
4.知识美	（1）系统的语文专业知识；（2）扎实的教育教学专业；（3）相关的学科知识。
5.专业美	（1）超强的听话能力；（2）语言艺术；（3）较强的阅读能力；（4）写一手好文章；（5）练一手好字；（6）创一套好教法。

6.情感美	（1）激情—对党国满腔热血；（2）热情—对职业的崇敬之情；（3）真情—对学生的理解关爱之情。
7.品德美	（1）善良；（2）公正；（3）责任感。
8.能力美	（1）选择加工能力；（2）传导能力；（3）组织管理能力；（4）自我调控能力。
9.合作美	（1）教师与教师的合作；（2）教师与学生的合作；（3）教师与教学资源的合作。
10.人文美	（1）德；（2）情；（3）识；（4）趣。
11.创新美	（1）教学批判能力；（2）教学反思能力；（3）终身学习能力；（4）教育科研能力。
12.信息美	（1）信息意识；（2）信息道德；（3）信息科学知识；（4）信息能力。
13.审美美	（1）美的发现能力；（2）美的感知能力；（3）美的欣赏能力；（4）美的表达能力。

从表 1 的分析我们可以看出，在档案工作中所具备的各种美学素养中有的是具体的美学素养，比如身体美、知识美、专业美、能力美等，但有的却是难以用具体的量和标准来衡量的，比如心理美、人格美、情感美等，所以我们探讨的就是这些难以用量和标准和量的所谓档案美学素养。那么作为档案工作者应该具备哪些档案美学素养呢？

一、较高的综合美学素养

档案工作者的档案美学素养通过什么来体现呢？众所周知，档案工作是档案工作者日常业务工作的重要组成部分，因此，档案工作者的档案美学素养可以通过其档案美学实践活动中体现。

在档案美学实践活动中，档案工作者应该对档案工作目标的设计从清晰走向适度的模糊，这样更有利于他们临场发挥，更有利于发挥档案工作者的主体作用，提高档案实践的效率，使档案工作更富有生机和活力。达到档案工作是发现美、创造美的过程。因此不管是档案工作目标的设立，档案工作角色的转换，还是档案工作艺术的运用，都是档案工作者对档案美学的认识和领悟等方面能力的考验，没有较高的档案美学素养是难以达到理想的效果的。

二、较好整合档案美学资源的能力

档案美学资源的整合是对各种档案实践环节中各要素的综合运用，只有把各种档案美学资源有效整合，从中提取可以提高档案工作效率的有用信息。这里所说的档案美学资源主要包括人和物两个方面，一个方面是"人"，主要是档案工作者、档案利用者、从事档案工作的研究者等；另一个方面是"物"，主要有档案美学资源、档案美学理论等方面。整合资源的目的是要把人的思想统一到档案实践工作的目标和基本原则上来，把物的用途集中到促进档案工作目标的实现上来。在实践中，要求档案工作者充分发挥自身的档案美学素养，较好地整合档案美学资源。

三、要求档案工作者要有较强驾驭局面的美学素养

档案美学素养的建构是一种开放式的多方互动的养成机制，档案工作者应有较强的组织协调、驾驭局面的能力，无论在档案美学理论的建构，还是具体的档案实践活动中，都要做到目的明确、调控有力、有条不紊、

收放自如。如在档案实践工作中,虽然倡导畅所欲言、各抒己见,但绝不意味着档案工作者想说什么就说什么,想怎么说就怎么说,那样就会导致放任自流、适得其反。总之,档案美学素养的建构过程所能提供的仅仅是一种思路、方法,它的适用对档案工作者来说,重在体验、摸索,得其神而活其形,求其实而虚其表。

第四章 档案美学意识的建构

本章节从档案美学意识的重要性入手，根据档案美学意识缺乏的原因，积极探索强化档案美学意识的途径，力求为解决档案美学意识缺乏的问题提出一些建议，以档案美学理论视野进一步建构档案美学意识。

第一节 档案意识与档案美学意识基本概念

一、档案意识

所谓档案意识，作为人们意识的一种类型，它指的是档案、档案工作、档案事业在人们头脑中的反映，是人们对档案和档案现象的观点、认知和心理的总称。

二、档案美学意识

档案美学意识，则指的是以档案客观存在的美和档案美学现象为研究对象的各种美学意识。它主要包括两种表现形式：一是档案工作人员本身对档案客观存在的美和档案工作的美学现象的反映和认识，即档案工作人员的专业美学意识；二是非档案人员对档案客观存在的美和档案工作的美学现象的反映和认识，即社会公众档案美学意识。

第二节 档案美学意识的重要性

社会经济的快速发展给当前的档案工作带来了新的发展机遇，同时也带来了巨大的挑战，这种挑战是全方位的，其中也包括对档案美学意识的建构工作。在新形势下，档案工作要获得可持续发展，增强档案美学意识势在必行。

一、档案美学意识的建构有利于促进档案发展水平

档案馆作为档案资源十分丰富的档案部门，是档案美学资源的聚集地、美学意识建构的前沿地。档案美学意识的建构工作涉及社会发展内部每一个机构、每一项工作，甚至每一个人，档案美学资源是维护社会发展历史面貌、记载当今社会重大变革的重要资源。

同时，档案美学意识建构工作也是美育教育的一项重要的基础性工作，是衡量美育教育质量和办学水平的重要尺度。所以档案美学意识的强弱，决定着档案工作者对档案价值的认识程度，也决定着广大社会民众对档案美学资源的利用程度和档案美学资源作用的发挥程度。

二、档案美学意识的建构有利于提高美学档案资源的含金量

直接从事美学档案资源工作的人员是档案美学资源意识建构的主体之一，他们重视并认真地对待他们手中的美学档案资源，能够有效地提高档案美学资源的质量和含金量。工作人员要细致、有效地收集整理美学档案资源，力求做到档案美学资源内容真实、准确、客观，格式规范、清晰、美观。从事档案美学资源收集整理的工作者因为用心，所以能将自身的美

学实践理论运用到美学实践的体验中去，创造出富有美感体验和美学价值的美学档案资源。

三、档案美学意识的建构有利于提高档案美学资源的管理水平

档案美学意识的建构要以用户为根本，强调档案美学资源的作用。用户对档案美学资源的重视，将给档案美学资源管理部门提出更新更高的要求。档案管理部门要提升档案管理水平，改善档案管理的软硬件设施。同时，档案管理部门还需要与其他相关职能部门相互配合，进行动态管理，将更多富有美学意义的档案美学资源纳入管理范围，用更加科学的管理方式和管理手段，提高档案美学资源的管理水平。

第三节 中外档案美学意识层次性差异的
对比研究

本章节主要从中外档案美学意识差异的宏观方面、中观方面和微观方面进行比较研究，试图通过这些比较研究，得到一些借鉴，进一步促进我国档案美学事业的发展。

一、档案美学意识层次性

档案美学意识作为美学意识的一种类型，指的是档案美学、档案美学工作者、档案美学事业在人们头脑中的反映，是人们对档案美学的性质和价值的客观认识，以及对档案美学工作的性质和地位的理解。出档案美学意识的概念可知，档案美学意识是指人们对档案美学的客观认识和对档案美学工作的主观理解，因此档案美学意识必然受到人们的哲学观点、政治立场，主观和客观、历史与现实等因素的影响，种种因素造成了人们档案美学意识的差异性，这些普遍的、客观存在的差异又由于受到不同因素的影响，具有了明显的层次性差异，这就是笔者认为的档案美学意识差异的层次性。其层次性凸显在宏观、中观、微观三个层面上。本章节主要从宏观方面、中观方面、微观方面来对中外档案美学意识差异的层次性进行对比研究。通过表2我们可以简要分析影响中外档案美学意识存在宏观差异的因素。

表 2 中外档案美学意识差异的宏观对比研究简表

比较项目		中国	美国
宏观	历史根源	重藏轻用	藏以致用
	哲学观点	和合精神	人是一切事物的主宰者
	政治立场	集体本位	个人主义
	文化差异	注重别人对职业的看法	注重自身的价值
	管理体制	统一领导分级管理	高度集中又相对分散
	管理模式	政治行为	商业模式

二、中外档案美学意识发展现状和特点

我们可以简要地勾勒出当前中外档案美学意识的发展现状和特点：

（一）中国档案美学意识的发展现状和特点

由于受到经济社会发展水平等多种因素的制约，当前中国档案美学意识和档案美学事业的发展受到不同程度的影响。总体上来说，在我国当前档案美学发展进程中，档案美学意识所存在的问题主要有以下几个方面：一是社会档案美学意识还比较淡薄，群众认识不到位、思想意识缺乏、档案美学意识模糊，甚至还有人根本不知道档案美学为何物；二是群体档案美学意识有待提高，对档案美学本质和档案美学工作不理解，大多数人认为档案美学是为统治阶级服务的"神秘物"；三是个体档案美学意识欠缺，当前我国从事档案美学工作的部分工作人员缺乏基本的档案美学意识。

（二）国外档案美学意识的发展现状和特点

很多国家对档案美学意识的定位是服务于国家公共机关、法人单位和社会公民，因此国外档案美学意识的发展现状和特点主要体现在以下几个方面：一是国外成熟、系统、完备的档案美学理论为加强档案意识提供了理论基础，社会档案美学意识相对于中国较高；二是国外民众的群体档案美学意识已经深入人心，国外民众对档案的利用率很高，他们认为，档案美学资源如不加以利用，就失去了价值和意义；三是国外的档案美学工作者对档案美学本质和档案美学工作的认识全面而深刻，政府也给予高度重视，每年都会拿出巨额的经费来发展档案美学事业，包括提高档案美学工作者的待遇、创造优越的工作环境，等等。

三、中外档案美学意识宏观差异的原因

（一）历史根源

中国的档案工作历史悠久，但档案美学工作起步较晚，并且一直依附于国家机关，以为统治阶级服务为中心，是统治阶级活动的历史记录。在古代，档案常与各种贵重的物品放在一起，为宫廷所用，并且使用档案也是一种特权，一种社会地位的象征。古代档案工作的内容也只是对档案严加看管，不允许一般人接触，根本不涉及档案美学工作。漫长的封建统治，导致了档案美学工作的政治性，以至于档案美学工作成为统治阶级维护其利益的工具。此外，档案美学工作劳动的潜隐性导致了档案美学资源存放地点在布局上深藏不露、在利用上重藏轻用、在服务上被动呆板，因此，档案美学工作一直处于相对封闭的状态。

西方国家的档案美学工作受现代档案学发端较早的欧洲各国影响，较早确立了档案美学资源开放原则。西方国家法制教育比较普遍，重视依法治档，强调藏以致用。一方面档案美学工作要为统治阶级服务，但另一方面，国外也较早地确立了"民有、民治、民用"的观念，更多的档案美学工作是为大众服务，服务于国家机关、法人单位和社会公民。

（二）文化差异

中西方文化背景的差异导致了中西方人们的世界观、人生观、价值观都存在着不可逾越的鸿沟，文化背景的差异导致职业选择的价值取向的差异。

在中国，大多数人受传统封建文化的影响，似乎更加注重别人对该职业的看法，换句话说，中国人活在别人的眼中，以别人的价值标准判断来评判自己的职业，因此大多数中国人追求受人尊敬、收入颇丰的职业；而西方人则比较重视自身的价值体现，西方人活在自己的世界里，以实现自身的价值来选择职业。正是这种文化差异造成了中西方对档案美学工作的不同理念。西方人到档案馆工作是为了实现自身的价值，而中国人到档案馆工作的原因多是外部原因。

（三）管理体制

中国的档案管理体制一般是从中央到地方建立起档案事业管理机关，各机关在各级人民政府领导下统一、分级和分专业地掌管全国、本地区、本系统的档案事物。这种档案管理体制是一种高度集中的管理体制。

国外的档案管理体制则是既高度集中又相对分散的管理模式，"高度集中"是指联邦制联邦机构系统内的档案美学和档案美学工作，这部分的最高管理机构是国家档案局与文件署，"相对分散"是指中央与地方的档案美学和档案美学工作实行分权管理、各负其责的原则，形成了一种分散的、多元的、无中心的管理体制。国外档案机构的多样性，有利于各档案管理机构根据实际需要独立展开工作，无须盲目追求馆藏数量，因地制宜地发挥主动性、积极性，具有灵活、务实的优点。

四、中外档案意识差异的中观对比研究

前文从历史根源、文化差异、管理体制方面探讨了中外档案美学意识的差异性，都是从宏观方面做的对比研究。中外档案美学意识在中观上也存在着较大的差异，中外档案美学意识在中观上的差异主要有以下几个方面，具体内容见表3。

表 3 中外档案意识差异的中观对比研究简表

	比较项目	中国	外国
中观	经济因素	社会主义初级阶段投入少	高度发展的资本主义社会投入较多
	技术发展水平	档案保管员	档案前沿技术控制者
	政策基础	法律制度匮乏	法律制度完备
	指导思想	服务于统治阶级	服务于国家公共机关、法人单位和社会公民

	客观条件	单一的馆藏、结构、单调的服务	丰富的馆藏、多元化的服务
	观念基础	责任意识	服务意识

由表 3 的分析可以看出，造成这种差异的因素主要有以下几个方面：

（一）经济基础差异

国外档案部门属于文化单位，经费主要来源于政府拨款。国外政府对档案美学工作相当重视，把它作为宣传国家形象的一个窗口，国外政府把档案馆同各类科学文化事业机构一样视作国家形象的窗口，斥巨资建设档案馆，让它同艺术馆、图书馆一并成为国内外游人必去的景点。除了联邦政府投资外，档案部门还可以从社会上获得大量赞助，包括资金、设施等不同形式的捐赠。

我国正处于社会主义初级阶段，用于发展档案美学工作的资金相对匮乏，业务开展受到一定限制。档案馆实行有偿服务一方面遭到一片谴责声，另一方面也收不上几元钱。此外，由于我国实行高度集中的档案管理体制，档案建设工作易重复，国家统一标准往往会造成建设目标与实际工作不能兼容：国家标准的出台落后于实际工作，但各种档案管理又必须遵循国家标准，不然就不能通过验收；验收通不过，就得不到经费补贴，因此造成大量重复建设，进一步加剧经费的紧张。经费的短缺严重制约了档案美学事业的发展。

（二）法律基础

做好档案美学工作，提高思想认识，树立服务意识是首要的，但弹性太大，并不容易做到，因此最根本的措施是完善档案法规、强化执法力度，这是做好档案工作最有力的保障。

国外的各项法律的制定比较完备，与档案美学工作相关的法律、原则也是如此，比如美国国会于1966年通过的《信息自由法案》奠定了美国国民的档案意识，其旨在保障美国国民充分实现利用各政府部门所藏档案信息的权利，而后从20世纪70年代到90年代，又先后六次发布《美国公民运用<信息自由法案>指南》，这些指南相当于具体的实施细则，使美国公民的档案意识更加深刻。

我国《档案法》的颁布，虽然加快了法制进程，但要真正深入人心还有待时日。《档案法》虽然已颁布十多年，但是真正了解《档案法》的人并不多，真正精通的人更是少。我们要始终以《档案法》为依据开展档案工作，以《档案法》为中心建立档案法律体系，保证《档案法》真正得到贯彻落实，让人民知法、懂法、守法、护法。

（三）规章制度

以规范、方便为两大目标，建立健全档案美学的相关规章制度，如修订档案美学资源整理规则、完善借阅制度、明确文件保管期限；在推动档案美学工作信息化管理过程中，及时增补《档案美学电子文件归档管理实施办法》《档案美学电子档案利用管理办法》等一系列配套的规章制度。

西方国家已经建立了一套完善的档案美学资源管理法律制度约束规范，各项档案美学电子管理都按照法律制度规范运行，这样有利于减少档案美学资源管理过程中的随意性和个人主观意识，比如美国制定了《联邦财产管理法规》《联邦文件处理手册》《永久文件鉴定指南》《一般文件处理表》等，各州、郡、县也制定了各级会务文件的鉴定标准，使档案美学工作规范化、程序化、法制化、制度化深入人心。

我国目前有关档案美学方面的法律规范还不是太完善，缺乏与《档案法》相配套的档案美学法律规范体系。我国还没有形成一套健全有力的档案美学法规体系，档案美学法制远远不能适应档案美学工作的需要。所以，我们要依据《档案法》制定各项档案美学管理的规章制度，必须把档案美学业务建设纳入法制轨道，结合档案美学日常管理工作和业务技术工作，把档案美学法规渗透到各个领域中，让利用档案美学资源成为每个公民的权利，而让爱护档案美学资源、自觉收集应归档的材料并主动向档案部门移交，成为每个公民的义务，我们应通过规章制度的完善来提高社会公众的档案美学意识。

（四）指导思想

档案美学是一项管理性的工作、服务性的工作、政治性的工作。档案美学管理工作不生产物质财富，在社会历史的各个阶段，档案美学管理工作都必然为一定的经济、政治、文化服务，否则就不会存在，也难以发展。在阶级社会中，档案美学管理工作体现一定的阶级关系和阶级利益，为一定的统治阶级所掌握，为一定阶级的经济、政治和文化服务，这个服务方向是档案美学管理工作政治性的集中表现。而国外档案美学管理的基本属性和主要作用是服务于国家公共机关、法人单位和社会公民。

五、中外档案美学意识差异的微观对比研究

前面从宏观和中观方面对中外档案美学意识进行了对比，笔者认为最能体现中外档案美学意识差异的应该在微观方面，如表4所示。

表 4 中外档案美学意识差异的微观对比研究简表

微观	受教育程度	受专业教育或培训较少，甚至缺少岗位培训	受过专业课教育或专业培训
	认识差异	缝补、抄写、装订	休闲娱乐实现自身价值
	开放意识	十分谨慎，开放率低	高度开放
	管理手段	模式化、程序化	先进、方便，以实用为原则
	建档意识	建档意识薄弱	建档观念深入人心
	性格特征	内敛保守型	开放型
	收集意识	行政命令	自身重视、捐赠等
	整理意识	整齐划一、统一标准	维护档案历史原貌
	利用手续	复杂烦琐	方便简单

由表 4 可以看出，造成这种微观差异的因素主要有以下几个方面：

（一）收集意识差异

在收集档案美学资源方面，中国与其他大多数国家都比较重视对档案美学资源的收集，且都比较注重收集本机构所形成的档案美学资源，但两者之间又存在着明显的差异：中国的档案机构只比较重视本机构的档案学资源收集工作，而对社会上与本机构相关的历史文件的档案学资源方面的收集工作不够重视，收集得不够完善。

而在国外，由于对档案美学资源管理实行分散的管理体制，档案学资源收集工作完全出于档案管理部门自身的重视，因此，除了负责收集、管理本机构所形成的档案美学资源之外，国外档案部门还注重研究机构发展史，这使得档案学资源的收集整理工作主要着重于通过多渠道从社会上收集与本机构发展相关的档案美学资源资料。同时，国外档案部门还十分注重将在社会生产活动中形成的、具有重要历史价值与美学价值的档案收集整理起来，注重不同载体档案美学资源的收集，形成了独特的馆藏特色。国外档案部门会尽量收集与群众工作生活关联度高的档案美学资源，并且还把值得大规模复制和销售的档案美学资源推向市场。

（二）整理意识差异

在国外，档案美学资源的整理以充分尊重档案美学资源的自然形态为前提，基本保持原貌，原来是什么样还是什么样，整理方法主张简单，不装订。无论在半现行阶段还是永久保存的阶段，档案美学部门基本上都不进行整理工作。

国外的档案部门进行档案整理时没有统一的分类规则，各机构依据自身的实际情况设置相应的分类目标，整理以充分尊重文件的自然形态为前提，编号标注在软皮上，不在档案美学资源的原件上做任何标记，不进行装订，比较注重简明实用。国外的档案美学管理方法重实际，不作表面文章，突出古朴简洁，注重环保实用，对移交到档案馆的档案美学资源日常整理工作注重保持档案美学资源之间的内在联系，充分尊重原有档案美学资源的分类和排序，不强求外观上的整齐划一，文件的组合比较灵活，可以是成套的文件，也可以是一类（或一系列）档案美学资源。

在中国，由于实行高度集中的档案美学资源管理体制，因此从中央到地方都建立起了一整套的分卷模式和整理标准，在外观上追求档案整理的整齐划一，在行业内编制统一的档案分类方案，实行统一的分类代号。档案美学工作者大部分时间用于档案美学资源的分类和整理。

（三）利用意识差异

档案美学工作最终的目的是利用。随着网络信息时代的来临与发展，档案美学资源利用工作比重日渐增大，中外档案馆都开展了档案美学资源的利用工作，但两者的利用工作也存在着诸多差异。首先表现在观念上，在国外，大众的日常生活与档案美学资源息息相关，群众可以通过档案美学资源来解决日常生活中所遇见的各种困难，而且国外的档案美学利用工作已经与休闲娱乐联系在一起了，而在中国，除了一些人迫不得已得去档案馆，没人会愿意到档案馆去。其次表现在利用手续上，中国的利用手续烦琐，大多需要主管部门的审批，而在国外利用手续简单方便，只需凭有效身份证件即可免费查阅开放的档案美学资源，不设任何限制。再次表现在利用费用上，中国档案馆一般实行有偿服务，收取一定金额的调阅费，以此来弥补经费上的不足，但收取费用甚少，原因是利用者寥寥无几，且还招致骂声一片；而在国外查阅利用档案美学资源是不收取任何费用的，如果需要复印，则只收取复印的费用，而且只收回成本，不以赚钱为目的。

（四）队伍素质差异

中外的档案美学从业者也有许多差异，主要表现为学历上的差别。在国外，只有具有档案历史学、图书信息学、计算机专业、美学专业知识的人，才能有资格申请成为档案美学工作者，并且档案美学工作人员每年都要进行岗位培训，档案美学专职人员绝大多数在大学本科阶段学过档案美学专业课或受过不同程度的档案美学专业培训，有着良好的专业知识基础，并且国外对于岗前培训与岗位培训也十分重视。此外，由于国外社会科学技术水平高度发展，国外的档案美学工作者已经是档案美学技术前沿的控制者，他们负责政府网站的建设，维护元数据系统，进行前端控制，而在中国，由于科学技术发展水平相对落后，导致大部分专（兼）职档案美学工作人员依然只承担着档案美学资源保管员的职责。档案馆被认为是"清闲养老"的地方，人员安排靠"关系"。在很多领导眼中，档案部门的工作就是修修补补、抄抄写写，要求工作人员有责任心即可，对其他一般不做要求。

第四节 档案美学意识缺乏的原因探析

目前，虽然社会的档案美学意识普遍有所提高，但由于历史和现实、主观和客观的原因，仍然存在社会档案美学意识淡薄的问题。

一、历史原因

历史原因主要有两个方面：一方面从过去封建社会传统上沿袭下来的档案神秘感、保密论导致档案只是统治阶级的统治工具，秘而不宣，只有少数人知道，逐渐形成了档案工作的封闭性和神秘性。档案被藏于深宫或隐于高墙，让人们有一种敬而远之的心理，使人们不了解档案，仍然用传统的、狭隘的思想认识档案，甚至认为档案是过时的废纸，不知道它是党和国家的宝贵财富。正是因为这种传统的档案思想导致许多人根本不可能关心档案，更谈不上关心档案美学资源和建构档案美学意识，更不会关心档案美学资源的作用和价值，也不会产生利用档案美学资源的念头。

二、现实原因

档案美学资源本身是一种潜在的知识信息资源，其作用与效益需要一定的时间才能显现出来，不一定能带来"立竿见影"的经济效应，这就与某些"急功近利"的短期行为不能协调，导致社会档案美学意识淡薄。随着改革开放的深入，各地经济发展差距逐渐增大，造成了我国各地档案工作的不平衡状况。随着近年来的经济规模和形式的扩大、分配体制的改革、后勤社会化以及办公自动化等这些新事物的出现，档案美学资源的载体、内容及管理手段都产生了许多新变化、新问题和新情况。这些新变化、新问题和新情况的出现，在一定程度上也导致了档案美学意识的滞后。

三、主观原因

主观原因有三点：一是认识上的误区。许多人根本不了解档案工作，对档案根本没有概念，甚至还有人认为档案是无关紧要的东西，有无并不重要，档案美学意识的建构工作更是与自己无关，对档案工作和档案美学意识建构工作漠不关心。二是多数人不了解档案美学资源。许多人查阅档案美学资源不知道到档案馆利用第一手原始资料，认识不到档案美学资源的价值，不了解档案美学资源的内涵和作用，也不了解档案美学意识建构工作的意义和地位，人们总把其与"机密、绝密"等联系在一起，对它总是"望而却步"，因而不能认识其价值。三是档案部门自身对外部宣传工作力度不够。档案美学工作的专业特性（机密性和政策性）和档案工作的强度给档案美学资源建构工作的宣传造成了阻碍，严重影响了档案美学意识建构的宣传工作，使得档案美学意识建构宣传工作远远滞后于其他各项工作。

四、客观原因

客观原因主要有三点。一是管理部门的领导者没有认识到档案美学资源的真正价值，不明白档案美学资源"用时方知贵"的道理，导致在工作中不能从长远和全局的高度看形势、看问题、看档案美学意识的建构工作，往往从眼前或局部的利益出发，看不到档案美学资源对工作的考究作用和潜在美学价值。二是有关部门在日常的管理工作中往往缺乏将具有美学价值的档案进行归档的意识，认为文件材料归档后查找利用不方便，不愿向档案部门移交材料，严重影响了档案美学资源的完整性。三是档案美学意识教育的缺失。除了美学专业的学生会接受专业的美育教育之外，从事档案的专业工作人员不可能接受专门有针对性的档案美学理论教育和美学实践活动，因此缺乏档案美学意识，档案专业不开设美育教育课程，美学专业不开设档案专业课程，所以专业课程体系的不健全也在客观上导致了社会档案美学意识的缺乏。

五、从档案美学资源自身的属性

档案美学资源的自身属性是原始性、历史性和记录性，它还具有一定的局限性和延后性。档案美学资源的美学感知度不够高，利用程度不深，导致美学档案资源的开发力度不够，因此难以在群众中普及档案美学资源意识，这在一定程度上也阻碍了档案美学意识的建构工作。

第五节 档案美学意识建构工作

如前所述的种种原因造成了社会档案意识的缺乏和滞后，那么我们应该怎样来解决呢？笔者认为可以从以下几个方面来解决：

一、更新档案美学观念意识

档案工作者直接担负着维护全社会档案美学资源的完整与安全的重任，长期以来，档案工作者们都以"默默无闻、无私奉献"为荣，这种思想观念必须改变。档案美学资源的收集者、整理者、研究者应以更高的姿态，利用档案美学理论更好地开展档案工作。档案美学意识的建构工作的运行机制和自身规律表现出周期性和滞后性，档案美学意识建构工作不具有显性的经济效益，这些都容易使人们产生思想认识上的偏差。社会发展到今天，档案美学意识建构工作早已不是档案部门、档案工作人员的事情，而是一项全员性的工作。因此，在实践中，我们应该改变旧的档案管理意识，增强工作的主动性、积极性，丰富档案美学意识建构工作的内涵，扩大服务范围，提高服务质量，进一步解放思想，适应档案意识建构工作新的发展需求。

二、树立档案美学法制意识

首先，要树立档案美学法制观念。其次，要严格依法办事。相关部门要组织档案工作人员参加档案法律、法规和规章制度的学习，依法办事、依法治档。同时，各部门应依据档案法规制定相应的规章制度，用制度的稳定性、强制性和严肃性来规范档案工作，使档案工作做到有法可依。再次，要努力实践。档案工作者应将档案法律法规以及档案专业知识用于平常的工作和学习当中去，在实践中做到有的放矢。最后，加强档案法制监督和检查。上级部门要加强档案法制监督和检查，常抓不懈，使其制度化，这不仅是加强法制建设、依法治档的重要举措，也是深化档案业务建设的有效手段。

三、强化档案美学意识的宣传工作

    档案工作者要通过对档案法规的宣传，不断增强社会成员的档案美学意识，使档案工作更好地服务于社会和经济发展。有的档案部门不太注意自身形象，缺少宣传，有的即使做了一些宣传，但内容和形式过于单一，加上力度不够，效果也不佳。所以做好档案美学意识的宣传工作必须注意以下几方面：一是档案美学意识宣传工作要具有普遍性。既要对内部进行宣传，不断增强全体档案工作者的责任感、使命感，加强美学理论的学习，更要有计划地向外宣传档案美学意识。二是档案美学意识宣传工作要讲究方法。恰当的宣传方法可以增强宣传的针对性和有效手段。档案美学意识的宣传工作应该多样化，可以通过档案展览、档案馆网站、档案宣传栏等形式，加强对《档案法》和《实施法》等法律法规的宣传。宣传时还可以采取馆藏陈列与流动展出相结合的方法，综合性题材与专题展览相结合，以及走出去与请进来相结合，只有让社会大众了解了美学档案资源，其才能获得最大化的效益。三是档案美学意识的宣传工作要根据社会发展的中心任务、工作重点来确定宣传对象、拓展宣传途径、丰富宣传内容，运用广播、电视、网络、报刊等现代化传媒手段和知识竞赛、讲座、宣传窗口等各种不同形式，把全社会的广大民众的注意力吸引到认识档案美学资源、了解档案美学资源、培养档案美学意识的建构工作上来。

四、强化档案利用者的档案美学意识

    档案美学资源的收集整理、分类、编排等所有工作都是为了更好地利用档案。档案利用者的美学档案意识强弱直接影响档案美学资源作用的发

挥，以及档案美学资源价值的实现。在档案利用者眼里，档案美学资源往往藏于深阁、秘不示人，再加上档案利用者的档案美学意识和档案审美素养本身就不够高，往往受传统的档案思想的影响，不会利用档案美学资源，更谈不上从美学角度用美学理论的层次来利用档案美学资源。因此，应强化档案利用者的档案美学意识，在利用美学档案资源中发现美、利用美和创造出新的档案美学资源。

五、丰富档案美学资源的内容

充分发挥档案美学资源的价值，提高档案美学资源的利用效果，丰富和发展档案美学资源的内容，使档案美学资源能更加全面地反映社会真实记录以及美学实践活动，为档案美学意识提供依据。档案部门只能根据实际需求不断增加档案美学资源，才能满足档案美学资源利用者和研究者的审美需求。

六、多层次强化全员档案美学意识

对于档案美学意识，我们可以从以下几个层面来进行强化。

（一）强化各级领导者的档案美学意识

从事部门管理的各级领导者的档案美学意识，是档案美学意识中的主导意识，领导者的档案美学意识对档案工作起着决定性的作用。部门管理的领导者应该站在一个全新的高度，用战略的眼光来看待新形势下的档案意识建构工作，领导者的档案美学意识是搞好学校档案美学意识建构工作的保障。由于档案美学意识建构工作不能给单位带来直接的经济效益，所以档案美学意识建构工作常常被部门领导所忽视，极大地影响和制约了档案美学意识的建构工作。档案部门应想办法取得各级领导的支持，强化领导层的档案美学意识。只有各级领导充分认识到了档案工作和档案美学意识建构工作的重要性，才能把档案美学意识建构工作列入议事日程、制定长远规划、设立专门的档案管理经费、加大档案管理设施建设、投入设备、配置专业人员、提高档案人员的素质等。只有各级领导者的档案美学意识得到强化，才能带动广大档案工作者档案美学意识的强化。因此，增强各级档案领导者的档案美学意识是搞好档案意识建构工作的关键。

（二）强化职能部门档案人员的档案美学意识

各级部门档案工作者是主要的档案美学资源的形成者，各级部门档案工作者的档案美学意识，是档案美学意识中的主体意识，强化各部门档案工作者的档案意识是搞好档案工作的前提。作为部门档案美学意识建构的工作者必须树立以下几种档案美学意识：一是归档完整美的意识。各职能部门档案工作者必须按照归档制度，扎扎实实地做好档案的积累、收集等基础工作，采取相应的措施使得收集到的档案齐全、完整、准确，以确保档案的积累、收集、整理工作得以顺利进行，实现档案美学理论中的档案归档完整美。二是规范美的意识。各职能部门的档案工作者应有强烈的档案规范意识，在档案形成过程中不应随意选择文书材料、载体、保管年限、档号、字号、字体等，必须严格按照有关法律、法规实施，力争做到规范美。三是整理质量美的意识。按照国家有关规定，档案工作应当依据整理美的原则对需要归档的文件材料反复鉴定，分门别类地整理，确保归档案卷的质量美。如果档案工作者缺乏档案整理质量美的意识，则会影响档案的完整与质量。四是移交齐全美的意识。各级职能部门的档案馆的材料主要来源于各形成部门，如各形成部门缺乏移交意识，整个档案工作也无异于空中楼阁，所以档案工作者必须依法、按时向各级档案馆移交应该进馆的档案。对在业务活动中形成的具有保持价值的文件材料及时整理，该归档的归档、该移交的移交、该进馆的进馆，不能随意截留档案，搞"小金库""自留地"。

（三）强化档案管理者的档案美学意识

各级档案管理者的档案美学意识是档案美学意识建构工作中的关键意识。档案管理者是档案专业人员，也是档案管理的主体，是档案工作的核心力量，增强管理者的档案美学意识，是强化各级档案工作者档案美学意识的核心措施，也是搞好档案美学意识建构工作的保证。档案美学意识建构工作既是一项业务性工作，又是一项管理服务性工作，这就要求档案工作者既要有扎实的业务功底，又要有较强的管理能力。作为档案管理者，不仅要熟悉档案业务工作的各个环节，明确归档的具体要求和方法、步骤，重视案卷质量，对移交进馆的档案严格把关，而且应掌握各门类档案、各种载体档案的管理方法。上级部门不仅要加强对档案部门内部的基础工作的指导，而且还要对职能部门内部档案工作进行督查、指导，经常深入到基层指导立卷归档工作，不断强化基层的归档意识，规范档案管理，使档案美学意识建构工作的整体管理水平不断提高。因此，各职能部门的档案工作者必须要在脑海中树立档案美学意识。

（四）强化社会全员的档案意识

社会全体员工的档案美学意识是档案美学意识建构工作中的重要组成部分。社会全体员工若有较强的档案美学意识，则会对档案工作产生极大的推动力。档案部门要让社会全体员工明确那些属于档案美学资源的归档材料，以及这些材料的形成要求，让相关的工作人员参加文件的起草、制作以及分类、立卷归档的全过程操作训练，把档案工作纳入工作考核中，制定档案工作等级标准和考核标准，调动全体员工的主动性和积极性，让他们体会档案美学意识建构工作的氛围，使他们缩短与档案美学意识建构工作的距离，推动全社会档案美学事业的建设进程。

七、多维度培养档案美学意识

群众的档案美学意识薄弱，对档案美学资源的作用和价值认识不到位，严重影响了档案美学意识的建构。档案美学意识的建构是一个十分复杂和漫长的过程，笔者认为可以从培养档案工作者的档案美学意识的支撑点、着力点、发散点、兴奋点、提升点几个方面来入手，调动档案美学资源档案工作的积极性。

（一）找准支撑点，树立档案美学意识

档案美学资源的收集者和整理者作为档案工作的一员，且作为档案美学资源的直接受益者容易接受档案美学意识，各级档案部门应把对档案工作者的档案美学意识培养纳入综合素质的年度考核中，完善档案美学资源的管理制度、档案美学意识的教育与宣讲计划，指导相关职能部门做好档案美学意识的宣讲工作和支持服务工作，逐渐营造全社会自上而下地重视档案美学资源和利用档案美学资源的良好氛围，树立并增强社会全员关注档案美学资源，重视档案美学资源的良好意识。

（二）找准着力点，强化档案美学意识

在档案美学资源收集和整理过程中，相关机构用充分发挥档案美学资源的美学教育功能，面向全社会开展多形式的档案美学教育，特别是在关键时间、关键节点，针对不同人群，进行特色化档案美学教育，以专题讲座形式向社会成员宣讲档案美学资源的效力，通过展示档案美学资料让社会成员产生客观认识，进一步让社会成员了解档案美学资源的价值和作用。

（三）找准发散点，渗透档案美学意识

定期和长期做好档案美学意识的宣传有利于强化档案工作者的档案美学意识。一是要把握时机求实效。档案部门要抓住时机到不同的地方、不同的场所进行档案美学意识的宣传工作，利用比较合适的时机取得比较好的效果。二是要抓准面向求实效。档案管理部门要做定向的对口支援。三是，扩展宣传渠道求实效。移动网络与当代档案美学意识建构的关系十分密切，因此，我们应该利用微博、微信、QQ 等网络新媒体来科学地实施宣传，将档案美学意识由多点渗透到个体。

（四）找准兴奋点，拓展档案美学意识

要想解决档案美学意识建构工作中太过枯燥乏味的问题，就要优化档案美学资源的内容，挖掘能让社会成员感兴趣的档案美学资源，增加档案美学资源的兴趣点和兴奋点，让社会成员意识到档案美学资源是向社会全方位展示档案工作者能力和素质的具有重大效力的资源，从而增强档案工作者的档案美学意识，建立社会成员与档案美学资源的密切联系。

（五）找准提升点，更新档案美学意识

随着数字化管理的发展，加强档案美学资源管理的信息化、现代化成为档案美学资源管理的必然发展趋势，因此档案工作者们要不断更新自己的观念，在充分利用档案美学资源的同时提升档案美学资源的利用度。

综上所述，档案美学意识是一个多层次、多方面的问题，全员档案美学意识的提高，是档案美学意识建构工作进一步深入和发展的重要基础，所以不管是领导者、形成者、管理者还是基层员工都应该树立档案美学意识，积极推进档案美学意识建构工作的社会化。

第五章 档案之功用美学

第一节 档案美学价值的认识

　　档案美学资源的最终目的是利用，对于档案美学资源价值的认识，有利于档案美学资源价值的最大化。本章主要从档案美学资源价值的特点、要素、影响因素等几个方面来进行论述，从而提出实现档案美学资源价值最大化的措施，希望能促进档案美学工作的发展。

一、档案美学资源价值

　　档案美学资源价值不是由单方面决定的，是多方面相互作用的产物。因此，档案美学资源价值实为档案美学资源的使用价值，即档案美学资源这一客观存在物对人们所具有的实用性、有益性及有用程度。其中的主体是指从事社会实践活动，以各种方式和手段认识、改造世界的人（个体、团体、人类、社会），客体则是主体进行的社会实践活动所指向和把握的客观对象。承载知识、信息的档案客体，也只有与主体的需要发生关系时才能产生或表现出价值。主体与客体之间是一种满足与被满足、需求与被需求的关系。如果档案馆保存的档案美学资源根本不被机关、社会需求和利用，就谈不上价值，管理档案美学资源的一系列活动也失去了存在的意义，反之，如果档案馆的档案美学资源被机关或社会广泛利用，并能满足各方面的需要，就体现出价值。由于档案美学资源价值是指主体与客体的关系，因而决定了档案美学资源这一客观物是档案价值的物质承载者，只有当它进入社会和人的活动领域，为人所共识，并同人的实际需要相联系、相统一时，档案美学资源及其属性才能进入价值化过程，与人的需要构成价值关系。

二、档案美学资源价值的显著特点

（一）档案美学资源价值的潜在性

档案美学资源是否能被利用者利用，在收集档案美学资源的过程中是不确定的，也是不能预知的。档案美学资源收集者和整理者只有在日常收集整理实践中对档案美学资源进行利用，其价值才能得以实现。

（二）档案美学资源价值的多样性

档案美学资源价值的多样性是指档案美学资源不同的价值体现形式，档案美学资源对同一或不同事件有多方面的作用，主要表现为证据价值、情报价值、文物价值、文化价值等。

（三）档案美学资源价值的唯一性

档案美学资源价值的唯一性是相对于价值多样性来说的，档案美学资源价值的唯一性即档案美学资源的原始记录性，其凭证作用的高度准确与真实是其他文字材料所不可替代的。

（四）档案美学资源价值的非商品性

档案美学资源价值的非商品性，不能以实实在在的物体来体现。档案美学资源是人类进行社会实践活动的副产品，虽然包含着人们的社会劳动，具有使用价值，但它不是为交换而生产的，一般也不作为商品进行交换，所以不具有商品交换意义上的价值。

三、档案美学资源价值要素

（一）专业性

档案美学资源工作者认识档案美学资源价值的目的是掌握档案美学资源价值及其运动规律，以便于充分发挥档案美学资源的作用，为各项社会实践活动服务，因此，认识档案美学资源要以专业的角度为出发点，其收集整理及查阅利用都必须依靠专业的技术手段。

（二）间接性

档案美学资源价值的间接性是指档案美学资源工作者自身与档案美学资源并未构成价值关系，所以无法亲自体验和切身领会档案美学资源的利用价值，对档案美学资源价值的认识也不是直接的。档案美学资源工作者对档案美学资源价值的认识是通过对大量档案美学资源利用工作的实践总结而获得的，具有间接性。档案美学资源的价值不是直接体现的而是通过利用者和利用对象体现出来的，这就是档案美学资源价值的间接性。

（三）全面性

档案美学资源价值的全面性则要求保存在档案部门的档案美学资源种类、载体类型是繁杂和多样的。档案美学资源工作者不能只了解和认识一种或几种档案美学资源的价值，必须认识所有类型的档案美学资源价值。由于同一种档案美学资源也可能会对同一或不同主体有多方面的作用，因此，档案美学资源工作者必须要对其做到全面认识。

（四）深刻性

档案美学资源价值具有潜在性的特点，某些档案美学资源的价值隐藏较深，档案美学资源工作者对档案美学资源价值的认识不能停留在表面，而要有深刻性，这种深刻性体现在对档案美学资源价值的再挖掘、再创造上，如对档案美学资源进行二次或三次信息加工等。

四、影响档案美学资源价值的因素

（一）馆藏档案美学资源的单一性

各级综合档案馆是集中统一保管各种门类、各种载体美学资源档案的文化事业机构，馆藏档案美学资源内容、门类、载体的综合性，是区别于专业档案馆和部门档案馆的特点。但是，目前各级综档案馆藏的档案美学资源普遍呈现出单一性的特征。

（二）馆藏全宗的完整率低

由于各种原因，一些单位进馆的档案资源全宗残缺不全，完整率低，特别是一些业务行政部门，如农、林、水、土地规划部门等，其部分业务档案美学资源并没有进馆。

（三）馆藏档案美学资源重复率高

大量重复档案美学资源进馆已成为困扰综合档案馆发展的一个突出矛盾，重复的有各类统计报表及名册，干部任免、职工录用、调动、转正、定级、调资升级等档案美学资源资料。

（四）馆藏档案美学资源玉石不分

我国档案美学资源的鉴定工作长期停滞在档案室范围内，档案馆不能正常开展期满档案的鉴定工作，许多过期档案堆积存放，占据着库房不少面积，根本不存在价值，更谈不上美学价值，不具有审美意义。

（五）档案美学资源价值最大化对策

档案美学资源的最终实现价值要在提供利用上体现，因此要实现档案美学资源价值的最大化，笔者认为可以通过以下几个方面来实现：

1.服务内容和方式

档案部门应利用多种手段为民众提供优质服务，积极向图书馆、博物馆、校史展览馆等学习，突出"以人为本"和"方便快捷"，在开放时间、利用程序、宣传手段、配套服务、服务技术等方面均采取有效措施，强化服务。

2.开放时间考虑需求

国外档案馆常设展览全年开放，虽假日不开放，但用户有特殊需要可提前预约，民众可随时查阅档案。因此我们必须考虑为档案美学资源利用者提供这方面的服务，一切工作都以满足服务者的需求为前提。

3.利用手续尽量简化和降低门槛，创造愉快的利用体验

我们应该进一步放宽用户的限制条件，在满足档案美学资源保密工作需要的前提下，尽量减少不必要的烦琐过程，让利用者方便快捷地利用档案美学资源。

4.联合各种媒介，开展宣传

加强档案美学资源宣传是做好档案工作的又一重要举措，加大宣传力度，推广档案美学资源服务的理念，让人们知道档案美学资源就是为人民服务的。

5.提供配套服务

在档案馆内设立借阅室，为档案利用者提供一个舒适的查阅环境，设

立打印、复印中心，方便档案美学资源的打印、复印工作。

6.开通美学资源电子档案馆、美学资源网上档案馆

进一步加大数字化建设力度，创建美学资源电子档案馆、美学资源网上档案馆，通过科技的手段完善档案美学资源检索工具，从而方便、快捷、准确地为人们提供档案美学资源服务。

第二节 档案美学之社会功用

档案美学是一个内涵十分丰富的概念，档案美学认为档案的功能无时不有、无处不在，大到反映社会自然发展规律、和谐人与自然关系、维护社会秩序、协同政治伦理关系、平衡社会心态，甚至维护社会和国家秩序；小到消除社会不良风气、陈规陋习，甚至还能作用于个人，用于个体情感宣泄和人格修养等。在此，笔者仅从档案之社会功用、档案之教化功用、档案之政治功用档案之其他功用四个方面来加以阐释。

一、档案之认识功用

档案可以反映社会现实生活，它是现实生活的一种特殊反映形式，被档案美学看成是认识人类客观世界、主观世界和精神世界的主要渠道之一。

（一）档案能直接呈现各种社会活动

档案能记录当时社会发生的各种社会活动或者表达人民各种复杂的感情变化活动，因此档案承载了大量的文化信息和社会信息，我们可以通过档案达到认识世界的目的。

（二）档案能认识客观世界

档案不仅能直接反映当时社会发生的各种生产、生活活动，而且还能直接反映当时客观的现实世界。档案美学认为不管是宇宙还是人生中的任何领域都有可能成为档案直接描述的对象。档案是客观世界的反映，凭借档案，我们可以重现不同时代、不同群体的生活情景，从而认识真理、认识历史、认识现实社会，档案中不管是对人类社会的生产、生活活动的记录，还是对大自然的描述都是对当时客观世界的真实反映。

（三）档案能认识人的主观世界

档案不仅能从不同的角度反映社会生活，而且也能反映人的主观世界，人的思想、情感、情绪等。档案可以记录人对外物的感应，不同的感应便产生不同的情绪，不同的情绪正是人不同内心精神世界的反映，因为人的内心世界丰富多彩，所以才会产生喜怒哀乐等情绪。部分档案是人的主观世界思想、情感、情绪的直接写照，直接将人的思想、思维方式以档案的形式呈现出来，比如思想、学说、观点和论点这些都是档案记录人的主观世界的产物。

二、档案之娱乐功能

档案能使人快乐。正是因为档案能带带给人快乐，所以人们才重视档案。档案美学也认为档案能带给人快乐，首先是能娱乐人。档案的娱人功能主要表现在以下几个方面：首先，娱人。档案能带给人感官上的享受。人们最初保存档案时，并不带有某种功利性目的，不是为了学习，也不是为了受教育，而是为了娱乐，只是单纯地满足人感官上的一些本能欲望。其次，档案能消除疲劳。人们在长时间的劳动或者长时间的旅途中，利用档案进行高雅文化的熏陶，可以消除疲劳。最后，怡悦性情。档案的主要娱乐功能不在于娱人、消除疲劳，而在于怡悦性情。档案美学认为档案不但可以自娱自乐，而且还可以起到怡情悦性的作用。人们可以用档案寄托情绪，达到修身养性的效果。

三、档案之凝聚功能

档案美学认为档案具有凝聚功能，它能通过一定形式将一些纷繁复杂的人、事、物凝聚在一起。笔者认为在档案美学中档案的凝聚功能主要表现在凝聚人、凝聚人的思想、凝聚人的精神等几个方面。

（一）凝聚人

档案的凝聚功用首先表现在凝聚人的方面。档案被看作是凝聚民族精神的重要纽带，不管是地方性的档案，还是国家性的档案，都具有这种精神纽带的作用。档案美学也重视档案的凝聚作用，它认为档案能使不同的人在情感上融合协同起来，符合社会的伦理要求等。档案的凝聚作用有利于统治阶级的统治。

（二）凝聚人的思想、精神

人类和其他动物的本质区别之一就在于人类具有精神和思想，而动物没有，从这句话我们可以看出思想、精神对人的重要性。档案美学也十分重视人的思想、精神的重要性，档案美学认为档案是人们意志活动、思想感情的集中体现，因此档案能起到组织和协调社会成员意志行为的作用，档案中的情感、表现形式承担着传达与交流社会成员思想感情的职能，档案能把人的思想凝聚在一起。档案美学认为统治者之所以都会在功成名就之后重视档案的收集和整理，就是因为要凝聚、控制人的思想，以达到社会长治久安之目的，实现和维护其统治。

档案美学也十分注重档案的凝聚作用。其凝聚作用还表现在档案有助于构建和谐的内部关系，创造出团结向上的氛围。档案文化可以使同一文化或模式产生相同的思维方式、价值观和行为习惯，从而使大家紧密团结在一起，形成巨大的向心力和凝聚力。档案文化的凝聚力主要体现在个体归属机制、个体与群体关系的情感机制、统一协调的内聚机制上。档案文化通过发挥凝聚功能，在多个层次上满足档案工作者的需要，最大限度地融合不同个体之间的差别，将个人融入集体之中，将不同层级的档案工作者汇聚在一起，形成崇高的集体主义精神。

四、档案之调节功用

　　档案美学认为档案具有调节功能，档案不仅可以调节人的机能、人的情绪，还可以调节人与人之间的关系，档案还是整个社会的调控器。档案通过评价、教育、指导、示范、激励等方式和途径调节人的机能、人的情绪、人与人之间的关系。

　　（一）档案能调节人的机能

　　部分档案直接记录诗歌、音乐、舞蹈等艺术活动，这些艺术活动强调人的各种机能的参与，因此通过档案可以调节人的机能。档案美学认为档案能调节人的机能。档案可以通过一定形式的磁场直接刺激人体器官，从而引起人体的生理反应（如呼吸、脉搏、血液成分、内分泌、脑电波的变化）以及动作、情绪的反应。不同的档案资源带给人们的感官刺激也不同。人们在欣赏档案记录的这些艺术活动的过程中，通过不同的审美情感体验从而达到调节机能的效果。

（二）档案能调节人的情绪

档案美学把档案看成是一种善于表现和激发情感的艺术。档案可以深入人心，通过不断感染人的内心，调节人内心的喜怒哀乐以达到情绪的平衡。人在现实世界里有种种烦恼、忧虑，会感到自己的渺小与无助，而档案却能让人超然物外，调控客观与主观的矛盾，恢复人的心理平衡。人在喜怒或者悲伤时，可以通过阅读档案记录的那些美好事物，达到修身养性的目的。

（三）档案能调节人与人之间的关系

人是社会关系的存在物，人要更好地生活在这个社会，就必须处理好人与人之间的关系。人与人之间友好和睦的关系是人更好地生活在这个社会的前提和基础。

档案美学也十分强调人与人之间的这种关系。档案美学认为，档案可以亲和人与人之间的关系，改善民风民俗，档案可以从根本上使人们内心平静，安于本分。

（四）档案是社会的调控器

档案是社会的调控器。档案美学认为档案是规范整个社会秩序的重要工具，档案通过约束整个社会的行为规范，使整个社会得到了调控，实现了稳定。

档案美学认为，人与人之间的关系总有这样或者那样的矛盾，这些矛盾人为地拉开了人与人之间的距离，而档案则力图缩短人与人之间的心理距离。档案美学认为统治者注重档案之根本目的在于维护统治阶级的统治，从客观上实现调控社会的作用。

第三节 档案美学之教化功用

一、档案之心灵教化

档案美学认为心灵教化是通过档案对人心灵进行潜移默化的影响，使人们的心灵得到教化，提升个人的全面素养，达到育人之目的，因此档案对人的心灵教化的作用主要是从净化人的心灵、完美人格、修身养性三个方面来体现的。

（一）净化心灵

档案美学认为档案能净化人的心灵。档案净化人的心灵是通过两方面来完成的，一方面是对创作者来说，创作者通过倾诉自己的情感，感染他人，以此达到心灵上的共鸣，从而得到心灵上的升华。另一方面是对档案利用者来说的，利用者通过利用档案达到悦目、悦心、净化心灵的目的，这是利用档案美和发现档案真正价值美的过程。

档案记录人与动物的自然本性、本能欲望，档案的形成过程是人受到熏陶的过程，人们在利用档案的同时也不断获得心灵上的愉悦，于是在不知不觉中受到了熏陶，精神也得到了升华。

（二）完美人格

档案还有助于完美人格的形成，档案还能健全、美化人的心灵。大部分人认为只有那些高雅的人才会欣赏档案美，何为高雅的人？档案美学认为只有那些有德、懂礼，具有高尚情操，人格完美的人才能称得上是高雅的人，而要成为高雅的人则要借助档案实现。

（三）修身养性

档案对人的性格、情趣具有影响，具有美感的档案可以使人心旷神怡，可以使人得到休息，促进人的身心健康发展。档案通过作用于人的情感，引起共鸣、激动、联想、想象，以潜移默化的方式使人接受某种道德情操、精神品质、意识观念的熏陶渗透，乃至灵魂的净化，从而使人们达到完美崇高的思想境界。

档案美学在论述档案能修身养性时借鉴了《乐记》关于修身养性的观点。《乐记》中有这么一段话曰："人生而静，天之性也。感于物而动，性之欲也。物至知知，然后好恶行焉。好恶无节于内，知诱于外，不能反躬，天理灭矣。"《乐记》认为人生之初是平静的，没有情欲的躁动，没有物欲的渴求，只是由于外物影响而产生了欲求。那么要靠什么来节制内心的欲求呢？档案美学认为档案正是解决这一问题的最好方式，通过对档案的品鉴、回味而使人回归平静的本性，从而实现修身养性的功能，使人得到精神上的升华。

二、档案之情感教化

人是情感的动物，情能使人的精神上得到升华。档案可以直接表达人的内心世界各种纷繁复杂的情感，其细腻、深刻、强烈的程度远远超过其他形式，因此档案是情感教化的重要方式，也是情感最完美的表现形式之一。

（一）表达人的情感

情感是人们对客观事物态度的体验，人们在表达自己的感情时，往往会借助于某种媒介的表现，从喊叫、欢呼到引吭高歌都是感情的自然流露，都是人们自觉与不自觉地表达自己的感情的过程。法国解释学家利科尔也认为"感情更具有本性论的性质，凭借本真的感情，我们才能以新的生活态度人性地居住在这个世界"。黑格尔也认为情感是音乐所特有的对象。档案美学认为档案的产生和人对档案的需要是"人情所不能免"的事情，是人感情的自然流露，是人浓郁感情的表达。

档案美学也认为档案能表达人的情感。档案是以不同的方式来表达哀心、喜心、乐心、怒心、敬心、爱心的。不同的档案虽然表达的感情有所不同，但无一例外的都是人真实情感的自然流露。档案虽然是客观世界与客观历史的真实反映，但也难免会掺杂人的真实感情在里面，这些人的真情实感本来也是档案原始记录的重要组成部分。

（二）调节人的情感

档案美学认为人既是感情的动物，也是理性的动物。人的感情需要表达，但并不是毫无节制地发泄，档案美学认为人的情感需要通过理性来控制，而档案正是这一理性控制的工具。档案可以发挥调节功能，使腐朽的东西不在人的耳朵、眼睛驻留，不让身体沾染邪戾之气，让耳朵、眼睛、鼻子、嘴巴以及身体的各个部分都能因为和顺中正之气得以正常地发展。

（三）激发人的情感

档案生产的原始动力，是精神的需要，因此档案能激发人的情感。档案美学认为档案可以激发人的情感，好的档案能动摇军心，也能激励斗志；能使人积极向上，也能使人萎靡不振；能使人赏心悦目、陶冶性情、培养情操，也能团结人民共同孤立敌人；能在人们的心灵间传播爱的花粉，也能在激烈的斗争中爆发。欣赏一份具有审美价值和审美愉悦的档案能使人觉得欢快，欢乐的声音使人好动，好动就能促使人前进，从而能激发人欢快的情感，人们在欣赏到这些欢快的东西时就情不自禁地开心起来。与此相反，一份具有鼓动的档案也能激发人对欲望的追求，从而做出一些伤天害理的事情，走上歧途，但不管是使人欢快的档案还是激发人欲望的档案，都能起到激发人原始动力情感的作用。

三、档案之道德教化

道德教化就是教人做人、处事，使人养成道德习惯和道德心理，从而服从统治者的意志。档案美学认为档案可以通过身教示范、强调潜移默化的作用、注重道德情感的培养、规范道德等手段来实现乐之道德教化的作用。

（一）身教示范

古人都十分注重身教示范的作用，《礼记·文王世子》曰："凡三王教世子，必以礼乐。"先哲们认为身教比言教更为重要。档案美学也注重身教示范的作用，在档案美学看来，档案工作者必须带头提升道德修养，只能这样才能达到身教示范的目的。档案美学对档案工作者提出了较高的要求，把档案作为治理的方法，教人要善良。这里就是强调档案工作者的榜样作用，只要领导者行善，那么他周围的人也会纷纷效仿。

（二）强调潜移默化

道德教化必然强调在不知不觉中深入人心，影响他人，即潜移默化。档案则是通过一种轻松快乐的方式实现对情感的道德教化，美学大家李泽厚认为潜移默化不是外在强制，而是内在引导，它不是与自然性、感性相敌对，不是从外而来主宰、约束感性、自然性的理性和社会性，而是在感性、自然性中建立起来的理性、社会性。档案美学也十分强调乐的这种潜移默化的作用，档案美学认为道德教化应重视循循善诱，档案工作者在处理档案工作和日常生活事务时都应该注重自身修养，时时处处都注重自身良好的道德习惯的养成，不是一时做有德之人，应该时刻注重德行。而档案对人道德的教化，常常是在毫无强制的情况下，使欣赏者不知不觉地受到感染，在这种长期作用下使人的心灵得到升华，对人的思想感情和精神面貌起到教化作用。

（三）注重道德情感的培养

档案美学还强调对道德情感的培养，道德是社会意识的形态之一，是人们行为的准则和规范。道德情感包括品德修养、理想及传统观念等内容。乐是最高的道德情感状态，人只知道是非对错是不够的，还应有爱憎好恶的道德情感。

（四）规范道德

人不仅是个体，还是社会体，所以人的生存和发展离不开社会，那么人要更好地在这个社会中成长和进步，必然要以种种道德规范来约束自己，而档案美学认为档案有助于社会道德规范的形成。

四、档案之政治教化

政治教化即人的思想道德的政治化。档案美学认为档案与政治是相通的，档案是一定现实政治生活的反映，能反映一个国家的政治状况与社会风气的好坏。档案美学把档案作为统治阶级治理国家的工具和控制人们的手段。当今社会的科学技术虽然高度发达，但还是有许多现象无法用科学来给予合理的解释，而档案记录的内容与这些现象结合得亲密无间，因此统治者便顺理成章地利用和加强档案的神秘感，以便操纵人们、控制人们，以此来维护统治。统治者利用档案中记载的那些守义之臣、善于聚集民众之臣、将帅之臣来实现政治教化功用。

古代统治者把档案作为治理国家的工具，例如档案记载的"礼、乐、刑、政"的最终目的只有一个，就是统一人们的思想，从而使社会安宁、天下太平。

第四节 档案美学之政治功用

一、审档案知政

（一）档案能反映政治兴衰成败

档案能反映一个国家的政治兴衰成败。档案美学认为档案同当时社会的政治、经济与社会生活密切相关。档案直接记录了当时社会的政治、经济与社会生活。

反映政治的档案可以分为很多种，主要分为以下这几种类型："治世之档案""乱世之档案""亡国之档案"，这里提到的"治世之档案""乱世之档案""亡国之档案"都是整个国家政治兴衰的反映。不同的政治状况产生不同的音乐，它从不同的角度影响着人的生理和心理状态，"治世之档案"便是在安定的政治环境下产生的，而"乱世之档案""亡国之档案"则显然是在兵荒马乱的政治环境中产生的，因此品鉴一个时期的档案便能在一定程度上看到此时期的政治环境。

（二）档案能反映人民疾苦

档案美学认为档案能表达人的各种情感，档案自然也能反映人民的疾苦。档案中反映人民疾苦的主要表达方式可以分为怨以怒和哀以思两种，统治者可以在这些反映人民疾苦的档案中，了解百姓的生活，知晓社会发展的好坏，采取相应的措施治理国家，从而实现维护统治之目的。

（三）档案能反映政治情感

政治情感是政治心理因素构成要素之一，指政治主体在政治生活中对政治体系、政治活动、政治事件和政治人物等产生的内心体验和感受，是伴随人的政治认知过程所形成的对于各种客体的好恶感、羞耻感、爱憎感、亲疏感等心理反应的统称。政治感情是党和国家精神意志在档案工作领域的具体化，是对档案政治属性最精辟的概况，代表统治者的政治方向。档案工作是党和国家事业政治情感的集中体现，也是党和国家事业的重要组成部分，是党和国家各项事业不可或缺的基础性、战略性、支撑性的工作，必须反映党和国家的政治感情。

档案美学也十分强调档案的政治情感。档案美学认为在不同的政治场合里，档案所强调的政治倾向不同，所表现出来的政治情感也不同。不同的档案代表不同的政治情感，不同的政治情感还代表不同的审美情趣。档案美学认为从不同的政治目的出发，对每一种档案的品评都会带有不同的政治情感，因此我们在关照这些不同的政治情感的同时便能认识到一个人的审美情趣。

（四）档案能反映政治功绩大小

档案还能反映一个国家的的政治功绩。功绩在这里主要指功业和劳绩。档案作为珍贵的历史资料，是对历史真实的记录，记录了领导者或统治阶级在执政时期的重大历史事件。

在《乐记》中有这么一段文字："昔者，舜作五弦之琴，以歌《南风》，夔始制乐，以赏诸侯。故天子之为乐也，以赏诸侯之有德者也。德盛而教尊，五谷时熟，然后赏之以乐。故其治民劳者，其舞行缀远；其治民逸者，其舞行缀短。故观其舞，知其德；闻其谥，知其行也。"从这段文字我们可以看出不管是舜作五弦琴，还是夔制作乐，都是那个时代的不同形式的档案，这些特殊的档案形式都是用来赏赐给那些治民有功者，而在赏赐时却又按不同的等级赏赐，不同的赏赐代表不同的功劳，因此，诸侯治民而使民劳苦的，所赏赐的就少，诸侯治民而使人们安逸的，所得到的赏赐就多，因此我们在比照君王赏赐给诸侯规模大小的时候，便可以直接看出诸侯政治功绩的大小。

二、稳定政治宏观环境

政治宏观环境是指一个国家的外部政治形势。一个国家的政局稳定与否，会给国家和人民带来重大的影响。如果政局稳定，人民便能安居乐业，相反，政局不稳，社会矛盾就会尖锐，秩序混乱。

档案美学认为档案可以维护和谐政治与社会结构。档案美学所强调的稳定宏观环境包括了一个国家的内部政治环境和外部政治环境的稳定。内部的政治环境在于档案工作必须认真贯彻执行统治者的路线、方针、政策，要在宣传贯彻统治者的基本理论、基本路线、基本方针中充分体现档案部门的政治自觉、行动自觉和行业特点，用档案说话就是用事实说话，要把围绕中心服务大局贯彻始终，自觉地把服务大局作为档案工作的永恒的主题。

外部的政治环境主要包括两个方面，一个方面是除档案工作环境所处的其他环境，如经济环境、社会环境、科技环境等，与这个大环境是整体与部分的关系。而另外一个方面则是指的外部政治环境的稳定。外部政治环境的稳定则强调档案工作必须顺应世界档案工作发展的趋势，主动积极应对世界档案工作面临的机遇和挑战，在把握国际形势时，档案工作要树立正确的历史观、大局观、角色观，不仅要看现在国际形势是什么样，而且要端起历史的望远镜回顾过去、总结历史规律、展望未来，把握历史前进大势。大局观就是不仅要看到现象和细节怎么样，而且要把握本质和全局，抓住主要矛盾和矛盾的主要方面。所谓正确的角色观，则要求档案工作者不仅要冷静分析各种国际现象，而且要正视我国档案工作与世界档案工作中的关系，弄清楚在世界档案工作中，我国档案工作的地位和作用，科学制定档案工作的对外方针。

三、稳定君臣关系

君臣关系在中国古代是一个十分微妙的关系，因此处理好君臣关系也显得尤为重要。档案美学也认识到这个重要性，主张用档案来稳定君臣关系。纵观中国上下几千年的历史，我们可以得出结论，大凡国家稳定，人民安居乐业的时代，往往都是君主贤明善治，大臣忠正尽职的时代，因而，可以说君臣之间最佳的关系就是相互配合、同心协力、肝胆相照。古往今来，君臣关系会影响到一个朝代的兴亡，是古代重要的核心问题之一，君臣关系主要有以下几种，即君对臣以礼相待，臣为君做事尽忠，君强臣弱，君弱臣强等类型，但是档案美学认为理性的君臣关系则是平等型的君臣关系。中国古代封建社会是一个等级制度十分森严的社会，封建社会制度将人分为三六九等，由于等级制度的存在，君臣之间也容易产生隔阂怨恨，不利于人民的团结以及统治者政权的巩固，而档案则是人人都能收集整理与利用的，在收集整理和利用档案面前则人人平等，人们在收集整理和利用档案的过程中可以暂时忘记君臣的身份，也不用考虑世俗伦理之别，在档案面前不再有三六九等的存在，因此档案有助于社会政治的稳定，也有助于稳定君臣的关系。

四、推行王道

档案美学认为档案能推行王道，而推行王道是通过"同民心"而达"王道"的。

首先，档案美学认为可以利用档案推行"王道"。这种观点借鉴了前人"德成而上；艺成而下，行成而先，事成而后"的观点，档案美学在总体的框架上构建了"同民心"的最高境界即"德成"。如果所有的平民百姓都按统治者的要求，树立了统治者所设定标准的"德"，那么"王道"就自然天成，然而档案美学又认为"德"的形成需要借助档案来实现。

其次，档案美学明确区分了"有德之档案"与"有溺之档案"。在档案美学看来，"有德之档案"与"有溺之档案"是相对的，所谓"有德之档案"是有利于统治阶级推行王道、树德、个人修身养性的档案，而"有溺之档案"则是指那些不利于统治阶级推行王道、树德、个人修身养性的档案。从"有德之档案"与"有溺之档案"的区别中可以看出，档案美学的目的并不是简单来区分这两者，其根本目的在于明确这两者的区别之后，通过去除"有溺之档案"而让民众都崇尚"有德之档案"，如果民众都受到"有德之档案"的感化，那么"同民心"的目的也会达到，"王道"也在无形中得以实现。档案从产生到形成的过程是一个"知声""知音"到"知政"的过程，在档案美学看来"知声"之档案即代表自然之声的档案，"知音"之档案即代表庶人之声的档案，而只有"知政"的档案指那些具有审美价值的档案。由"知声"到"知音"再到"知政"不只是艺术形式上的变化过程，也是一个人格修养的过程，更是"观声—作乐—化天下"（即"同民心"而达"王道"）的过程。

此外，档案美学把"档案"与"礼、政、刑"放在同等的位置，当作治国的重要手段，认为档案可以调和人民的性情。礼，可以用来引导人们的志向；政，可以协调人民的行为；刑，可以防止人民的奸邪。只要充分发挥四者的作用，就可以"同民心而治道"，实现理想的"王道之治"。

因此，由以上分析可以看出，档案美学所倡导的理想"王道"必须靠"同民心"来实现，所依靠的"王道"即档案所体现的价值素养及其美学意义。

五、判断政治得失

档案美学认为档案作为现实统治秩序的感性反映，是政治人的心声，档案完全可以作为评价政治生活的依据，也可以作为评判政治得失的重要标准。档案美学强调档案与政治的关系，认为有什么样的政治就会有什么样的档案，因此"审档案知政""档案之道与政通"。档案美学记录了档案与政治和谐的重要性，档案与政治是否协调，直接显示了当时政治是否适应了社会经济的发展，如果档案与政治相互协调，则政治顺应社会经济，促进经济发展；而档案与政治不协调，必然阻碍社会生产力的发展。因此，档案美学直接把档案作为判断一个国家兴衰成败的标准。

此外，档案真实记录了一个国家、一个民族、一个地区的文化，也记录了它所拥有的主权、领土的利益，档案因其原始性、真实性和证据性而具有无可辩驳的特性，可以成为各种争议的判决凭证和公断依据。从档案中记载的这些关于主权与领土的处理方式中，也可以直接判断出当时政治的得失。

第五节 档案美学之其他功用

一、档案之比德功用

档案美学认为档案具有比德象征功用。

我们首先来看档案的比德功用。所谓比德即比德为美，就是将自然的美作为君子的美德的象征，比德为美思想最早由孔子提出，孔子曰："知者乐水，仁者乐山。"中国古代除了以山水比喻美德之外，还以玉比喻君子的美德。

档案美学也十分注重比德，虽然档案美学中没有把档案比喻为君子的美德，但档案美学倡导建构具有美学价值的档案，这种价值就是君子具有的高尚道德，而君子的道德是天性的根端，是道德的花朵。

二、档案之象征功用

黑格尔认为象征就是"用类似有关联的个别形式去阐明本身原已明晰的意义"。黑格尔站在美学的高度对象征做了全面、系统的阐释。所谓档案的象征功用即档案在用符号描述某一事物或想象的时候对其赋予一定特殊的寓意，使档案符号具有一定的象征意义。

我们首先来看档案与政通。在前文的论述中可以看出，档案能知政、档案能稳定政治环境、档案能稳定君臣关系、档案还能判断政治得失，我们可以从"档案通政治"这条线索中得到启发，这条线索并不是毫无用处的线索，档案象征政治，能达到与政治相通的目的。

档案与德通，也体现了档案的象征功能。档案象征着德，可以用来表现德行，是德行的花朵，档案美学这些论断都体现了档案与德通。档案赋予了德之乐，而不是简单地满足人口、腹、耳、目需求之档案，显然档案美学赋予了档案道德的象征意义。

其实档案的象征功能还体现在其他很多方面，档案美学赋予了档案浓郁的象征和文化符号的意味，因此在解读这段话时我们不能仅仅停留在其表面上的联系上，而应该更深入地探究其象征意义和文化符号的意义。

三、档案之歌功颂德之功用

档案美学认为档案还可以用来歌功颂德。

（一）档案可以歌颂有功之人

档案美学这里的功不是功利，而是功劳、功德、立功之意。由于档案是历史真实的记录，当然也会记录了有功德之人和有功德之事，例如古人创作的《南风》就是用来赞颂那些治民有功者的，其功劳大的赏赐的规模就大，功劳小的其赏赐的规模就小，这是与诸侯的功劳相对应的。

（二）档案还可以歌颂有德之人

档案美学还认为档案能"象德"，所谓"象德"就是表现"德"。档案美学认为档案一方面是人的情感的表达，另一方面却对感情提出了要求，必须经过道德的约束，将外物引发的情感欲望加以节制，恢复到平和的性情，这里档案美学认为"档案"必须包括"德"的内容才能算是正统的"档案"。档案美学进一步认为，只有"君子"才能品鉴高雅的档案，所谓"君子"即有德之人，能够保持其天赋的本性，即平和的性情，可见"君子"品鉴高雅的档案并不是简单地表达其感情，更重要的在于歌颂那些有德有功之人。

（三）档案还可以用于彰显政绩

档案美学认为档案还有一个最重要的意图是彰显统治阶级的政治成绩。关于档案可以彰显政绩的论述在前文我们已经详细论述了，在此不再一一赘述。古代很多档案资料都反映了当时社会的兴衰成败，统治者在大功告成之后都会建立历史典籍类的档案，从这些历史典籍中就可以看到王道功业的伟大，治国政绩宏大的统治者，制定的历史典籍就比较周全，所以从历史典籍的周全、完备就能看出统治阶级的政绩大小。

四、档案之文化功能

档案是人类文化的发展，是自然界和社会生活中的知识和经验的文化产物。档案具有文化的品质，是人类宝贵的文化产物、人类宝贵的精神财富，是一种取之不尽、用之不竭的文化资源，是世界文化遗产的重要组成部分。

档案真实记录了人类文化的产生、形成和发展过程，把人类一切文明成果通过文字、图标、声像、实物、电子数据等多种形式保存下来，延续了人类文明，世代形成的档案资源，全面记录了社会发展历程，清晰地保存了一个国家、一个民族萌芽、产生、发展、演变的过程，积淀成为一个国家、一个民族、一个团体的思想文化载体。档案在继承和传承文化的过程中发挥着极其重要的作用。

档案在文化进程中所处的地位使其具有了文化功能，档案的文化功能主要包括文化储存功能、文化传播功能、文化增值功能、文化积淀功能、文化鉴别功能、文化教育功能，档案的文化功能在社会文明中起到了传承历史、承上启下的作用，档案资源凝聚着历史文化积淀的成果，而今天我们利用档案创造的新的文化成果作为历史文化的精辟，成为当今文化的组成部分，又通过档案为后人的文化创造，积淀了丰富的历史文化素养，使原文化产品增加了新的价值，表现出明显的传承性。社会文明的维系、人类文明的传承，很大程度上依赖于档案。

此外，在物质文明和精神文明建设中，档案能够以信息服务的方式，参与经济和文化建设活动，从而推动经济发展和文化繁荣。

五、档案之宣传教育功能

档案的教育功能是指人们通过档案，在洞察真与美的同时，得到善的启迪，从而潜移默化地引起思想、情操、理想和追求的变化。档案能够对人们起到思想教育和道德的教育作用。

档案主要记录社会历史发展的进程，记录社会历史发展过程中涌现出的优秀人才、学者、专家的事迹和业绩，保存了大量丰富的科学文化知识，因此，档案不仅仅是一般意义上的档案，更是难得的好教材，是对社会全体公民进行爱国主义教育、爱国主义情怀培养、理想信念教育和科学文化知识教育的独特载体。

档案不仅反映现实生活，而且还对现实生活做出评价，由此提出自己的理想和愿望，表达自己对人生和世界的体验和感受。有审美价值的档案总是在帮助人们认识生活的同时，也教育人们对生活采取正确的态度和看法，培养人们美好的道德情操，促进人们奋发向上。档案记录的真实社会反映即各个时代、各个国家、各个区域的经济、政治、自然风光、世态人情等，可以丰富人们的阅历，启迪人们的智慧，提高观察和认识社会人生的能力。档案通过对生活本质的挖掘和思想情感倾向的流露，对利用者的政治倾向、机制观念、道德情操、人生理想等精神品格的形成产生一定影响。

由以上分析可知，我们对档案信息进行开发与利用，既可以获得新的知识和信息，又可以得到精神的熏陶和激励。人们可以通过丰富的档案文化资源和文化典籍了解前人成功的经验、失败的教训，也可以从前人所创造的灿烂文明中汲取智慧和力量，受到熏陶，得到教育。

六、档案之服务功能

档案的形式是多种多样的，有些是历史档案，有些是科研档案，有些是学术档案。这些档案对社会历史发展有着非常好的借鉴意义，将这些有用的档案信息传播到社会上可以为生活服务。发挥档案为生活服务的功能才是档案收集整理的最终目的。

档案的收集整理目的归根结底在于利用。如果将档案束之高阁，那么档案就等于一堆废纸，只有将档案用于社会大众，服务于社会经济发展，给利用者带来利用效果，才能让档案发挥真正的价值。档案的服务功能可以最直观地表现其原始凭证，可以为历史提供最原始的直接凭证，以便于维护历史的真实面貌。档案记录的是社会生活的方方面面，无论社会上发生什么，档案都会如实地记录下来，成为历史的一部分。而这些档案，则是记录历史最真实、最直接的原始凭证，这些凭证对维护历史的真实面貌起到了不可替代的作用。

随着科学技术的发展，档案服务功能还应包括档案信息资源与知识资源的开发与利用。档案不仅仅只是历史的凭证，更是人们进行文化休闲和爱国主义教育的重要资源。

第六章 档案之和谐美学

第一节 档案美学之"和谐场"的建构

物理学认为，场是物质的一种特殊状态，是一种客观存在的物质形态，它存在于整个宇宙物质世界之中，由于客观存在的场中不包括能量，因此根据物理学中能量守恒定律，场也不会凭空消失，但它却又是一个看不见而又摸不着的物质，之所以又客观存在，是由于客观存在的场互相吸引、相互作用。在客观现实中，场又被分为很多种，比如电磁场、地磁场、重力场、美感心理空间场、和谐场。档案美学正是处在一个统一和谐的场之中。

档案美学在客观上认为人们始终都处于一定的场之中，虽然大多数档案工作者不可能从主观上认识到场这一概念，也无法概况出场这一概念，但是在客观上却不得不承认档案美学处于一个和谐的场之中，而在这个场中主要是依靠档案的作用使人的身与心、人与人、人与自然、人与社会和谐相处。档案美学和谐场及其功用如表 5 所示：

表 5 档案美学和谐场总表

类别	档案的和谐功用					
个人 和谐场	档以治心 修养人格 教化人心	张扬气质 愉悦感官 调和性情	彰显个性 表达感情 怡情悦性	陶冶情操 修身养性 档以节情	耳聪目明 陶冶性情 和同人心	平和血气 树德立名
社会 和谐场	档与政通 联系时政 体察得失	维护稳定 维护等级 审档知政	和谐社会 合同民声 观礼知礼	区分贵贱 档以载道 反躬天理	稳定秩序 推行王道 治国安邦	观察社会 通达王道
人类 和谐场	和合天下 树立正气 档通伦理	移风易俗 教化君民 档与德通	比德为美 和睦乡邻	改善风尚 档序尊卑	合和人伦 亲疏贵贱	亲和人际 和亲臣民
自然 和谐场	促物生长 感化万物 煦孕禽兽	协调昼夜 协调阴阳 敦和日月	档和四气 和煦草木 润泽风雨	生成宇宙 化生万物 鼓动雷霆	和谐天人 和顺四气	和实生物 和同天地

从表 5 中可以看出，档案美学始终都处于一个和谐统一的和谐场当中，而这个统一的和谐场又是通过个人和谐场、社会和谐场、人类和谐场、自然和谐场构建起来的，这四个不同和谐场又是通过什么联系在一起的呢？档案美学认为正是通过档案联系在一起的，档案是建立这些不同和谐场的基础。

自古以来，和谐作为中国传统文化不可或缺的一部分，已深深植根于中华民族的精神土壤之中。随着时代的发展，在如今构建和谐社会的形势下，追求自身生命的和谐显得更为重要。早在遥远的战国时期，乱世的烽烟中就走出了智慧深刻的先哲——庄子。深沉的思索与平和的胸怀造就了他汪洋恣肆、光怪陆离的想象，也造就了他淡泊空灵的哲学境界，抛却了尘世功利的羁绊，庄子完全走进了自己丰富的内心世界，走进了心神合一的逍遥之境，给后世留下了一个御风而去的身影。人生逍遥之境就是怡然自得，而这份闲雅的自得来自生命本质的和谐——实现自我价值，为世界做出独特的贡献，得到心灵的和谐。

第二节 档案美学与心的和谐

　　档案美学认为人心灵的和谐显得尤为重要，人心灵的和谐就是"人内心的和谐"的问题。人内心的和谐从某种意义上讲往往是可遇不可求的，它需要的是生活的磨炼与岁月带来的经验，或许唯一的锻炼方法也就是勤"思考"与"总结"了。孔子曰："吾十有五而志于学，三十而立，四十而不惑，五十而知天命，六十而耳顺，七十而从心所欲，不逾矩。"孔子的话或许给了我们启发：人内心的和谐过程往往是一个磨炼的过程，从"志于学"的求知欲的建立，再到"而立"的自信心的建立；从"不惑"之年的心灵定力的产生，再到"耳顺"时的"海纳百川，有容乃大"，最后深化，继而升华，飞越到人生、心灵的最高境界——"从心所欲，不逾矩"，达到超然境界，让尘世间的善与美、罪与恶，灯红酒绿、世态炎凉，都在如海般的心境中交汇、融化、沉淀，以换来一副"采菊东篱下，悠然见南山"的和谐场景，心中的乐道，津津有味，才能达到心中的和谐。由孔子的话可知人内心的和谐是一个漫长的学习过程和总结过程，在这个过程中，需要通过一定的媒介来实现其内心的和谐，在档案美学看来，档案正是实现这个和谐浑然天成的媒介存在。

一、档案能和谐人的身体

在前文的叙述中，我们得知档案可以和谐人的身体，具有审美价值的档案能使人身心放松、精神振作，档案通过影响人的情绪来引起人生理上的快感，从而达到愉悦人身心的目的。

（一）档案能强身健体

档案能直接对人的身体起作用，档案美学认为档案对人能起到强身健体的作用。档案通过视觉效果和听觉效果影响人的生理机能，通过作用于人的视觉器官和听觉器官，达到影响人的生理节律、引起人机体结构共鸣和强烈反应的效果，因此人们在享受具有审美价值的档案的时候，人的肌体在不知不觉中也发生了变化，脾脏和肌肉的紧张度等也随之发生了变化。档案对人的机能的作用首先表现在档案能使人耳目聪明、血气顺畅。档案是视觉、听觉和感觉三位一体的综合艺术，因此对档案的鉴赏活动不仅仅只是用"心"去体验，而且还强调要用人的身体器官去参与、去体现。具有审美价值的档案，不仅需要人心的参与，而且需要人身体的参与，是生理与心理的结合，所以档案美学认为人们在从事档案这一具有艺术性质的工作过程中，能起到强身健体的作用。

（二）档案能和谐人的心理

档案对人的肌体的生理作用告诉我们，具有审美价值的档案能促使人分泌一些有益于人身心健康的激素，这些激素能起到解除人的疲劳、平缓血压、稳定心律、使人心情愉悦的作用。因为档案是由不同视觉艺术、听觉艺术和感觉艺术构成的复杂过程，所以档案能起到和谐人心理的作用，当人们欣赏到赏心悦目的档案时便会兴奋、心跳加快、肌肉紧绷、情感振奋；当人们品鉴到幽雅平和的档案时，便会冷静下来；当人们品鉴到优美清新的档案时则会产生欢乐、恬静的情绪，因此档案能消除抑郁、急躁、自卑、沮丧、精神萎靡等各种负面情绪，能对人起到独特的调节、调理和康复的作用。档案的这种和谐作用，是在对立统一中形成的，是"德音无暇"，是最高层级的和谐。

此外，档案美学认为档案可以表达人内心的真实情感，人内心的真实情感表现为喜、怒、哀、乐、敬、爱等多种不同的表情。喜、怒、哀、乐、敬、爱都是人们不同心理反映的表现，因为受外物感应不同，因此人们的心理变化也不同，档案正是通过人们不同的情绪变化，起到调节人心理的作用。

可见档案美学认为档案的功用不只是愉悦人的身心，最重要的作用是能平缓人的心理，通过这些具有审美价值的档案使人心灵平和，使人身心和谐，在身心和谐的基础上，使人不断回归到人心之静的天赋本性上，将人不同的情感形式转化为稳定的道德情操，从而使人血气顺畅、身心健康，塑造人格。

二、档案能和谐人的心态

所谓和谐的心态就是要求人具有乐观向上、积极进取、豁达平和的心态，即既不颓废消沉，也不心存妄念的良好心态。

和谐的档案能使人形成平和的心态。档案美学认为古代圣王制作礼乐广施天下，其制作的礼乐便是档案的一种表现方式之一，其制作这些档案形式的礼乐并不在于满足人之心口腹耳目的欲望，而是通过礼和乐不断感染子民，使臣民在潜移默化的同时获得乐观向上、积极进取、豁达平和的心态，内心修养得以提高，从而形成平和的心态，以此维护统治阶级的统治。

110

档案还可以通过诱发人内心的各种复杂的情感，表现人的天赋性情和各种变化，从而诱发人内心的情感，通过内心情感的净化，使人内心得以平和，从而使身心处于一种和谐安详的状态。档案能起到"入人也深，化人也速"的独特作用，达到"治心"的效果。

三、档案能和谐人的理欲

档案美学认为人与心的和谐在很大程度上是"理"与"欲"的和谐。"理"和"欲"是中国历来受伦理学和道德规范重视的一种关系，它说的是人的各种物质追求和各种精神追求之间的关系。"理"即"天理"，就是"人道之正"；"欲"即"人欲"，就是喜、怒、哀、乐等情绪的外露，对物质世界的各种欲望。

档案美学也十分重视"理"与"欲"的关系。档案美学在阐释"理"与"欲"的关系时认为"理"即天理，是与生俱来的存在，是上天赋予的，是人的"天之性"，"天之性，生而静"，因此"理"的特点是和顺、平和。而"欲"在《乐记》看来却是后天的，是"感悟而动"的结果，是人们在后天认知自然和客观世界的过程中形成的，所以需要人为地不断加以克制，而乐则成为人们在克制"欲"的过程中的凭借，通过乐的教化来对外界的诱惑和个人的欲望加以节制和进行引导，从而正确地处理"理"与"欲"的关系，实现"理"与"欲"的和谐，人与心的和谐也就自然达到了。

四、档案能和谐人的道德情感

档案美学还提倡通过档案和谐人的道德与情感以达到身心的和谐。

档案美学巧妙地将人的情感和道德合二为一。档案美学认为档案的作用既可以"乐心",又可以"树德"。档案是人情感的表达方式,当愉悦的情感得到表达时,人的内心自然获得了愉悦的情感历程,因此档案可以"乐心","乐心"这一过程又将人的感情融入"树德"之中,在自然流露的情感中又得到了道德的升华,从而实现了情感和道德的合二为一。档案总是在表达人的情感过程中,将道德的内容寓于其中,在潜移默化中传递道德。另一方面档案美学认为利用档案的目的在于"致心",推广档案的功用在于对那些不合道德的东西加以疏导,从而实现"致心"。在这里道德和情感的对立完全消失了,人的本体便是情感和道德的两者结合体,而档案则是连接情感和道德的媒介,档案美学完美地将人的感情和道德融合在了一起。

第三节 档案美学与人的和谐

在各种社会关系中,人是最基本的、最具活力,也是最宝贵的因素,而人要生存在这个错综复杂的社会中就必须参加各种生产、生活实践活动,而人在参与各项实践过程中,必然会形成各种特定的群体关系,所以处理好人与人的关系就显得尤为重要,只有人与人有了良好的人际关系,才能解决好各种矛盾,因此人与人之间的和谐相处,是社会和谐的基础。而档案美学认为档案可以和谐人与人之间的各种社会关系,在此笔者主要从和谐君臣民、家庭关系、邻里关系、朋友关系四个方面来进行阐释。

一、和谐君臣民

君臣民关系在古代是一个十分重要的关系,档案美学认为档案可以和谐君臣民的关系，由于我国封建社会的等级制度森严，封建礼制将君臣民分为三六九等，因为有等级限制所以难免产生隔阂怨恨，而档案则是人人都能收集整理和利用的，在收集整理和利用档案的面前人人平等，不管你是君、臣，还是民都可以收集整理和利用档案，于是人们在收集整理和利用档案的同时暂时忘记了封建礼教、等级之分，以及伦理、身份之类的东西，而感到愉悦和睦，因此有利于暂时缓和君臣民之间的矛盾，形成和谐的君臣民关系。

二、和谐家庭关系

和谐家庭关系是中国历来比较重视的一种关系。社会家庭的和谐是社会和谐的基础，档案美学也十分重视和谐的家庭关系。档案美学认为档案的教化作用能"合父子之亲，明长幼之序"。所谓"父子之亲"即父子亲情融合，"长幼之序"则强调长幼之间秩序分明，不管是强调父子亲情融合，还是区分长幼秩序，都说明档案美学十分注重家庭关系，并且强调和谐家庭的重要性。

三、和谐邻里关系

档案美学在强调和睦的邻里关系的时候是从侧面来强调的。档案美学主张最初的人是自然的人，有自然欲望的存在，如果人的欲望得不到控制就会造成比较严重的后果，人欲不断扩张，就会产生不和睦的邻里关系，邻里关系的不和谐又导致各种恶行的进一步恶化，档案美学正是看到了这些严重后果的根源在于人欲，要消除这些后果必须用档案来节制人欲，人的各种欲望得到了控制，和谐的邻里关系就自然形成了。

四、和谐社会关系

人是各种社会关系的集合体，人总是处在一定的社会关系中，因此，建立和谐的社会关系就显得尤为重要。档案美学认为要处理这种复杂的人际关系，可以利用档案来完成，对各种错综复杂的人际关系，必须用具有礼乐式的档案来加以规范。档案美学在论述和谐社会关系时认为，人的欲望与档案的作用不同，人的欲望是通过拉开人与人之间的距离，让人明确自己所处的任何一个场合都应该处于各自的社会关系，所以人在从事各项活动时，必须立足于自身所处的社会关系，即满足自身的欲求。而档案的作用却是大相径庭，档案的作用是缩小人与人之间的心理差距，强调人与人之间的相同的社会关系，让不同等级的人和睦相处，通过档案克制人的欲望，从而实现各种错综复杂的社会关系之和谐。

第四节 档案美学与自然的和谐

一、和谐客观自然

客观自然界是人生存和发展的基础。档案美学强调必须在了解自然、认识自然资源的基础上认识到其对人类生产和生活不可或缺的作用，同时在了解自然规律的基础上尊重自然、保护自然、敬畏自然，反对片面地利用和征服自然、一味地向自然索取，提倡建立和谐的人与自然的关系，主张用档案来和谐人与自然的关系。

档案美学把整个存在的客观自然界作为认识对象和审美对象，因为档案所记录的是整个客观存在的自然界，在这个自然界中天地光明，天地之气相融合，阴阳相辅相成，万物得到抚育，草木茂盛，种子发芽，禽类奋羽，兽类繁生，蛰虫苏醒，鸟类卵育幼鸟，兽类怀孕生养，这些都是档案记载的内容。具有审美价值的档案所记载的这些美好事物都是和谐的存在，档案直接起到和谐客观存在的自然的作用。首先档案能和谐植物，抚育万物，促进植物生长，草木茂盛，种子发芽。其次，档案能和谐动物，让禽兽繁衍，蛰虫苏醒，鸟类卵育幼鸟，兽类怀孕生养。再次，档案能和谐天地之气，使天地之气相融，天地光明。

档案美学认为自从人类来到这个世界上，就无时无刻不在与自然打交道。人类自己的发展史，也或多或少地可以被看作人类接受自然与改变自然的过程。所谓人与自然的和谐，无非讲的是人要在"接受自然"与"改变自然"中间找到一个平衡点，使得人类既不会被自然现有的情形所拖累，也不会因为过多干预自然的运转而遭到自然的报复。所以档案成为平衡自然与人的这个平衡点，借助档案记载的这些客观的自然想象以及因为人们破坏自然而得到的惩罚来告诫后人，给后人留下宝贵的经验，通过控制人类的欲望到达人与自然的和谐，人与自然的和谐与否决定着人类能否生存。

二、和谐天地

在论述档案与宇宙和谐的概念时，档案学者认为档案之"和"正是宇宙之"和"的表现。档案美学在论述和谐的宇宙观时，首先是通过和谐天地体现出来的。

在档案美学看来，天地的关系相互区别，又相互联系，区别表现在档案美学常把天地并提或对提，而联系则表现在天地之和的基础上，而档案美学建立的天地和谐都是借助档案来实现的。

天地之别。档案中记载的天是由日、月、星辰等各种天象构成的，档案中记载的地是由鸟、兽、草木等生成的各种形态，这样，档案中所记载的天地和万物是有差异和区别的。天在上、地在下、天气为阳、地气为阴，因为四季更迭、寒暑变化，且万物有千差万别，所以档案美学认为可以用档案所记载的内容把天地相互区别开来。

天地之和。档案美学认为档案中记载的天地是有别的，但也认为天地有相和的地方，在论述天地之和的时候档案美学是通过天地之气来得以实现的。天地之间地气向上升，天气往下降，天与地相互激荡，于是构成了和谐的天地统一体，四季更替便具有了内在联系，档案美学认为气在四季更替中的作用就犹如档案中被加入了不同风格的元素。档案美学把档案的和谐在此刻的表现比喻成天地的和谐，同时又认识到"天地之和"在形成过程中并非一帆风顺，而是在经历过雷霆风雨、春夏秋冬、四季更替之后，才真正体现出天地间"和谐"的大美。因此，档案美学就用档案把天地和谐地联系在了一起。

档案美学把整个宇宙看成一个和谐的统一整体，在这个整体中的万事万物都是天与地相互感应的最终结果，天气与地气的相互感应是天地感应再加上"档案"所起的作用，所以化育万物，"档案"在整个宇宙统一体中所起的作用便是"和"，由此可见，档案美学对"档案"的社会化育功能，是从宇宙大一统的整体性高度来把握其作用与地位的。

三、和谐万物

档案美学认为档案能和谐万物。档案和谐万物是通过化育万物来得以实现的。在前文的论述中，我们可以看到档案美学认为天地万物是阴阳之气的产物，天地感应加上"档案"在其中所起的"和"的作用，化育了万物。在现实生活中，档案的这种化育作用也得到了广泛的运用，在动物饲养和植物栽培等实践中，档案起到了重要的作用，因此档案被广泛用于当今社会的生产生活实践中。

档案还具有调养天地间自然万物的功能。在这里档案美学把档案作为调养天地间各种自然现象、自然规律的手段，万物要和谐，必须遵循万物的客观规律，档案是人们认识自然万物、自然想象、自然规律的方式和手段，通过档案人们才可以正确地了解自然万物的规律，从而达到调养万物的目的，从而使万物得到和谐。

第五节 档案美学与社会的和谐

档案美学在处理人与社会的关系时认为人与整个社会是一个有机的整体，人是社会的人，个人离不开社会，社会是人的社会，由人组成，社会是人相互作用的产物，当人与社会关系和谐时，整个社会就和谐，反之，则会产生许多社会问题，而档案美学也看到了人与社会和谐的重要性，认为档案正是解决这一问题的最佳答案，档案能促进社会和谐。

人与社会的和谐与否则会决定人类能否更好地生存，因为人是社会的载体，所以人与社会的和谐，从另一种角度也可以理解为人与人的和谐。

有许多人认为，人与人的关系太不好掌握，故要想做到人与人的和谐也只是空谈，更别说与社会的和谐了。其实不然，要做到与社会的和谐，甚至是可以"一言以蔽之的"。我们现代人一贯的思维方式总将承载有"礼"的档案理解为繁文缛节，打理应酬等，殊不知，这只会使人与人之间缺少真正的和谐，关系变得很"微妙"。其实深层次理解承载有"礼"的档案，应该是"秩序、原则、法度"。有了秩序，社会才会井井有条；有了原则，社会发展才会一往无前；有了法度，社会之间才会存在真正意义上的自由。人与人的和谐也何尝不是建立在上述基础之上的呢？可以说，有了承载有"礼"的档案人们才会"安其居，乐其业，亲自然，敬人事"。有了此等境况，世界还不美好吗？人与人、人与社会，还不和谐吗？当然，承载有"礼"的档案的目的在于和谐。

一、和谐民声

档案美学认为档案能"和民声"，这里"和民声"的"和"的意思是和谐。档案美学认为档案的功能即"和民声"，使人们万众一心、同心协力。民声即人们的呼声，是民生问题在各方面的反映，而民生问题则是贯穿人类社会发展的重要内容，也关系到统治阶级的统治和社会稳定，所以统治者能不能听取人们的呼声，关系到人心向背，关系到政权的巩固和社会的稳定，是构建和谐社会的根基，也是社会和谐的前提和基础。档案美学认为档案的作用能"和民声"，在社会伦理道德上形成了凝聚力，使人与人之间的关系相和相亲，"君臣上下同听之，则莫不和敬；在族长乡里之中，长幼同听之，则莫不和顺；在闺门之内，父子兄弟同听之，则莫不和亲"。这就是档案"和民声"的最高境界。

二、和谐社会风气

档案美学认为档案能移风易俗，和谐社会风气。档案美学把档案和谐社会风气的过程看成是档案通过对人内心产生作用，使人与人内心平静、安于本分的过程，档案推广了，人们也受到了教化，开始走向正道，民风民俗便得到了改善，于是社会上高尚的德行随处可见，人民安居乐业，从而实现了统治者"和平"，维护了统治者的最高利益，客观上也促进了社会风气的和谐。

档案美学主张档案能和谐社会风气的同时，还强调用和顺的心态来和谐社会风气，档案美学在开篇论述档案的起源问题时，就认识到了无论是关于档案的创造，还是对档案的品鉴、利用都应有和顺的心态，只有有了和顺的心态，整个社会风气才会是和顺的，因此和顺的心态在客观上促进了和谐社会风气的形成。

三、和谐社会群体

"群"在《说文解字》中解释为："群，辈也，从羊，君声。"群在早期的作用是与血缘宗法制度紧密联系在一起的，在当时主要发挥培养集体无意识的社会作用。所谓群体，是指两个以上的人在同一目标和同一规范的范约束下，彼此影响、互相作用，共同活动的集合体。群体是个体的集合，但不是一定数量个体简单的集合，作为群体应该具有共同的目标、共同的情感、共同的价值规范，和谐群体是群体中的个体相互依存、相互协调、相互促进的一种状态。

档案美学认为档案对社会的作用，主是在于档案能教育群众、引导群众，档案能树立社会的正气，移风易俗，能促进社会群体的和谐，以达到社会的平和、稳定与发展。档案美学还认为，档案是稳定社会群体的重要手段之一，档案与其他手段共同作用，不可分割，正是由于这些手段的相互共同作用，才能使群体和谐。档案美学还认为档案对社会群体的作用主要是因为档案能"善民心"，能通过乐感化人心，改善民风民俗，促进社会群体的和谐。

四、和谐整个社会

和谐社会是人类孜孜以求的理想社会，社会的和谐是一个国家存在和发展的需要，而社会的和谐与发展，则需要由一个具有崇高理想信念和较高的综合素质的群体来打造。档案由于其特殊的社会功能，是陶冶情操、净化社会风气、引导良好社会风尚的重要手段，往往能使人在自然不自然地参与中获得精神的陶冶、心灵的净化和情感的升华，对于营造良好的社会氛围、构建和谐社会起到重要的作用。

和谐社会是一个多元化的社会，多元化的社会事实上是就是利益多样化的社会，是一个合作与宽容的社会，需要一种宽容的氛围和团结协助的精神，要容忍各种不同利益关系的存在。既然有不同利益关系的存在，那么就需要一定的方法和手段来调节这些不同利益关系的主体，那么和谐社会应该用什么样的方式和方法来调节这些不同利益关系的存在体呢？档案美学认为档案是最好的媒介。

档案美学认为道德与法是被用来区分贵贱、区分等级、防止等级之间相互争夺的规范。既然承认各等级之间能相互区别，那么档案就是可以用来维持不同等级相互联系的方式和手段。档案可用来保持各等级秩序的和谐，防止相互怨恨，可见道德与法和档案的目的从根本上是一致的，都是为了维护封建等级制度，维护统治者的最高利益。道德与法和档案使社会各阶层既相互区别，又相互联系，和睦融洽地和谐在了一起，于是整个社会也和谐了。

第七章 档案美学文化传承
与创新研究

第一节 档案美学文化价值

　　档案美学资源是社会文化建设的重要组成部分，具有丰富的文化内涵和意蕴，美学资源具有独特的文化价值和功能，探析档案美学资源，实现档案美学的文化价值和功能，有利于加深对档案美学资源重要性的认识。

一、档案美学资源是重要的社会文化资源

　　档案美学资源是社会生产生活活动的文化遗产，也是一种社会的文化存在物，既是一种文化现象，也是人类文化资源的重要组成部分，档案美学事业又是一项重要的科学文化事业，那么，档案部门如何在日常的工作中有所作为，充分实现档案美学资源文化价值，这是档案部门需要研究的问题。"档案美学资源是机关、组织和个人在社会活动中形成的，作为历史记录保存起来以备查考的文字、图像、声音及其各种形式和载体的文件"，这个解释明确指出了档案美学资源的属性、来源、形态和特点。

　　由此可见，档案美学资源是由文件转化而来的具有社会价值和历史价

122

值的原始记录，其内容广泛、形式多样、载体繁多、作用独特，涉及社会生活的方方面面，反映了社会发展的历程，是国家和社会非常重要的历史文化资源。

二、档案美学资源是社会文化的载体和见证

人类在改造自然、改造社会及改造自身的过程中，创造了丰富多彩的物质文化和精神文化，档案美学资源是这些文化的原始记录物。档案美学资源是社会文明的摇篮，也是档案美学资源文化价值的发源地，社会各种生产活动和生活活动所产生的档案都是异常珍贵的文化财富。档案美学资源中涉及各种生产活动和生活活动的广泛内容，见证了社会发展历程的历史文化，在社会文化史上闪耀着独特的光彩。档案美学资源，从总体上以集中的形式包含了关于生产的概貌，保存了深刻的时代印记，反映着不同的历史空间所特有的物质和文化水平。"它提供了社会成员努力战胜政治、经济和社会挑战的凭证，反映了社会的文明程度，反映了每位社会成员的生活，而这种社会文明和社会成员的生活的性质和本质就是文化。"

三、档案美学资源是社会文化传承文明的重要纽带

社会各门类、各种载体的档案美学资源是社会活动的记录者和见证者，它真实地反映了社会成员认识自然和改造自然的全过程，承载着社会的文明成果，也是社会成员共同的精神文化遗产，具有深厚的历史文化内涵。档案美学资源在社会文明进步的延续过程中发挥着重要的传承功能，没有档案美学资源的存在，人类文明将可能中断，历史也会失去记忆和凭据。社会发展光辉灿烂的文明成果，正是从浩如烟海的档案美学资源中得以彰

显和体现的，并通过档案美学资源的传承和记录不断发扬光大。积极培育和弘扬档案美学资源文化，才能更好地传承和延续人类文明，并实现不同文化的融合、借鉴和创新，推动社会快速地发展和健康地进步。

四、档案美学资源是社会文化积累的一种重要手段

档案美学资源是文化积累的一种重要手段，是文化延续发展的重要条件。在社会发展过程中，如果没有档案美学资源，就失去了文化代代相传的原证。正是因为有了档案美学资源的贮存和积累，才有社会的档案美学资源资料整理者为社会文化添光彩；也正是有了档案美学资源的保管和积累，社会源远流长的灿烂文化才得以更好地流传发扬。档案美学资源同时也是社会文化传播的一种重要手段。文化传播有两种形式，一是文化扩散，二是社会遗传，前者是文化的横向传播，后者是文化的纵向传播。无论哪一种形式，档案美学资源都起着重要的作用。档案美学资源在时间上纵向传递文化的价值自不必说了，积累和贮存文化本身就是一种历史性的传播。档案美学资源在空间上的横向文化传播，举一个古老而典型的例子，就是春秋时期的那次档案大流散，随着大量深藏于密室的文献典籍流散民间，出现了春秋战国时期百家争鸣的文化盛况。这虽然只是一次被动和无意识的传播，但它同样给予文化发展以巨大影响。

五、档案美学资源是社会文化传递正能量的精神坐标

档案美学资源文化蕴含着厚重的历史文化传统，客观地反映了各个时代的精神风貌，代表着一个社会的主流价值取向。档案美学资源宝库中积累的各个时期的档案美学资源，是各个时代团结奋斗、不屈不挠、顽强拼搏的真实写照，是社会化最本质、最集中的体现，也是高校师生生活方式、理想信仰、价值观念的浓缩，更是社会成员赖以生存和发展的精神纽带、精神支撑和精神动力。因此，大力弘扬和传播先进的档案美学资源文化，特别是档案美学资源文化中体现的以爱国主义为核心，团结统一、爱好和平、勤劳勇敢、自强不息的伟大民族精神以及社会主义核心价值观，对于凝心聚力、鼓舞士气、促进和谐、激发社会成员的自信心和自豪感具有重要的意义。

六、档案美学资源是社会文化获取信息和知识的不竭源泉

档案美学资源涵盖的领域包括经济、文化、科学、体育、科研等方方面面，内容包罗万象，上至国家大事，下至日常社会生产生活活动，无所不包，是社会成员在认识自然、改造自然以及推动社会变革中形成的经验总结与知识积累。档案美学资源来源的广泛性和多样性、内容的真实性和可靠性，决定了档案美学资源是一座取之不尽、用之不竭的知识宝库。积极培育和弘扬档案美学资源文化，不断提高社会成员的档案美学意识，积极利用档案美学资源中包含的大量信息、数据、科技成果、理论学说等，充分发挥档案美学资源的智库作用，不仅可以实现知识的传播和更新，而且有助于我们总结历史，探求社会发展规律，为经济建设和社会各项事业的发展进步提供强大的智力支持。

七、档案美学资源是社会集体记忆的溯源与构建

档案美学资源是对社会经济发展、生产活动、生活活动等各项活动行程的历史记录，作为社会记忆的组成部分，是社会集体记忆的重要物质载体。社会成员在进行生产活动和生活活动等各项活动中，无论哪一项都必定是以档案美学利用者为主体，并且按照一定的组织结构和体系有序组织起来，在客观实体上形成集体或团队，档案美学资源承载着社会发展的所有活动记录，借助其蕴藏的个体与组织、集体相关的信息，使个体回忆起某个时刻或整个时期的集体记忆，并构建起个体与集体的联系和记忆。档案美学资源作为一种媒介不仅中立地承载关于过去的信息，还积极地解读过去的事情与人物信息、文化价值、共同的身份认同等，所以在某种意义上，档案美学资源创建集体记忆是以现在的视角，回溯性地构建过去。社会成员通过档案美学资源记录的是特定社会环境里的教学发展规律、行为准则与共同记忆。档案美学资源通过使个体获得记忆，使档案美学资源不仅仅记录文化行为，也从事文化行为，最终实现档案美学资源的文化价值。

第二节 档案美学服务文化建设实践

社会主义文化繁荣的主要措施就是社会文化建设，档案美学现代化建设工作服务于社会文化建设，本文就此展开论述。本章节以档案美学管理现代化建设为切入点，分析档案美学管理现代化服务社会文化建设的措施，为同类研究提供经验借鉴与参考。

一、档案美学服务文化建设的必要性

传统档案管理模式下，档案美学资源以纸质材料为主，档案美学资源管理模式相对落后，且存在较大的工作量。日常纸质档案美学资源管理与保存过程中，需要投入大量人力、物力确保档案美学资源的安全使用，避免纸质档案美学资源受到火灾、水分、虫害及霉菌等因素的影响，提高档案美学资源使用寿命。

纸质档案美学资源查阅难度较大，备份较为复杂，随着计算机技术的发展与普及，档案美学资源管理模式逐渐向电子化方向转变。档案美学资源管理中引入信息化技术，可以有效解决档案美学资源存放与管理问题，提升档案美学资源使用安全与可靠性，大幅度提高检索效率，充分发挥档案美学资源的作用。信息时代背景下，档案美学资源管理工作应适应社会发展。

二、档案美学管理现代化建设措施

（一）建立健全管理制度

随着科学技术的快速进步，档案美学资源管理手段逐渐更新、管理水平逐渐提升，建立健全工作体系，实现档案美学资源管理细则的统一编制，全面落实到位，实现系统软件的可移植性，规范进行档案信息化管理。此外还要明确个人岗位与责任，统一管理各门类与载体档案，确保档案美学资源管理与现实工作同步。完善档案计算机管理系统，借助计算机数据处理功能，建设局域网，有效连接高校各部门，实现内部资源统一化管理，促进资源使用率提高。创新档案美学资源管理工作方法的主要手段就是更新管理方法，努力实现档案美学资源装备技术现代化，解决手工操作中存在的问题，借助各种现代化手段提高管理效率，提高其中技术含量与水平，创新档案美学资源管理手段，通过统一的信息化管理标准，提高档案美学资源管理信息化程度。

（二）统一信息管理标准

档案美学资源管理工作中，规范档案美学资源信息化管理标准与管理细则，有助于提高档案美学资源管理效率与质量。随着科学技术快速进步，档案美学资源管理手段逐渐更新、管理水平提升，建立健全工作体系，实现档案美学资源管理细则的统一编制，全面落实到位，实现系统软件的可移植性，规范处理档案美学资源信息化管理。此外还要明确个人岗位与责任，统一管理各门类与载体档案，确保档案美学资源管理与现实工作同步。完善档案美学资源计算机管理系统，借助计算机数据处理功能，建设局域网，有效连接各部门，实现内部资源统一化管理，提高资源使用率。创新档案美学资源管理工作方法的主要手段就是更新管理方法，努力实现档案美学资源装备技术现代化，解决手工操作中存在的问题，借助各种现代化手段提高管理效率，提高其中技术含量与水平，创新档案美学资源管理手段，通过统一的信息化管理标准，提高档案美学资源管理信息化程度。

（三）构建配套安全体系

1.配备相关硬件设施

档案美学资源信息作为社会的重要资源，在信息化建设与维护过程中需要完善档案美学资源管理信息系统的安全，当出现意外情况时可以保证档案美学资源信息安全。做好硬件设备运行与维护工作，保证硬件运行安全，及时查看服务器与网络设备运行状态及日志，发现安全问题，要及时排除隐患。

2.保障网络安全

网络在提供方便的同时，由于本身的开放性也会产生一些安全隐患，如病毒、木马等，可通过系统漏洞窃取高校资料，甚至涂改与删除部分资料，给社会造成损失。此时可以引入防火墙技术，提高网络安全性。

3.构建美学资源数字档案馆

档案馆建设本身就是一个功能集成的过程，在内部局域网中构建一个大规模的内部档案美学资源库，社会成员可以随时检索与访问美学资源，提高工作效率与质量。

三、档案美学资源管理现代化服务文化建设的措施

现代社会计算机网络技术得到大范围普及，特别是我国政府工作中已普及了电子政务办公，在这样的背景下，档案美学资源管理要实现现代化与信息化，为文化建设提供更多更精确的服务。

（一）推动社会物质文化建设

在进行社会文化建设时，需要有针对性的定位和创新性意识，社会保存的美学资源都具有一定的历史和文化底蕴，可以以此为基础进行有针对性的、符合地方特色和要求的人文景观和自然环境设计。除此之外，档案馆、校史馆和展览室也属于美学资源管理场所，在自然环境设计中也是不可或缺的物质基础，以对美学资源管理场所实现现代化管理，将美学资源管理场所以先进的技术手段和管理模式进行保存和处理，同时利用计算机技术将档案美学资源中所保存的内容以动画演示、剪辑拼接等方法进行情景再现、以网络分享等方式进行分享和宣传，吸引社会成员的注意力，而且将枯燥的档案美学资源转变成大家喜闻乐见的形式，帮助社会成员快速、形象、生动地了解社会文化建设历程。而且，如果在档案美学资源现代化管理进程中仍旧沿用以前的老办法、老传统，进行陈列式展示，不仅达不到文化建设的宣传效果，而且这些珍贵的史料也不能完全被广大社会成员接受和了解，不能真正参与到社会文化建设中去。

（二）搞好社会精神文化建设

文化建设的核心就是精神文化，而档案美学资源则是社会文化建设的宝贵精神财富。美学资源中含有大量历史资料，通过系统性分类进行归档管理，但受到时间等因素限制查阅难度较大，甚至部分特殊文件调阅要经过层层审批。现代化档案美学资源管理模式下，可以构建不同时期、不同层面的关于建筑、文化、大事件等的专业数据库，当广大社会成员有所求时只要通过网络查阅就可以实现，广大社会成员也可以了解当初创业的艰难与成就。社会文化可以通过档案美学资源数据库与网站进行传播，以达到推动精神文化建设的目的。

（三）完善制度文化建设

档案美学资源中包含大量关于社会制度发展的内容，如管理制度的变迁、科学活动记录及人事任免等内容，这些文献直接将社会管理文化的历史全貌展现出来，也是现行社会管理制度文化建设的基础。一方面社会管理制度的历史沿革通过档案美学资源展现出来，为各项工作夯实基础与依据；档案美学资源信息为制度文化建设规划把握方向。档案美学资源管理现代化建设，不断优化与完善档案美学资源管理制度，充分考虑实际情况，制定切实可行的规章制度，全面落实各项制度，做好奖惩管理。

总而言之，通过档案美学资源管理现代化建设推进社会文化建设具有可行性，希望通过本文论述为同类研究提供借鉴与参考。

第三节 档案美学资源文化传承
与创新的作用

文化是指人类在认识世界和改造世界的过程中、在活动与社会实践过程中所创造的物质财富和精神财富的总和。档案美学资源文化则是社会成员在长期生产活动和生活活动中形成并共同遵循的信念目标、价值追求和行为准则，是知识、能力、人格及各种思想、制度、精神层面的升华和结晶。档案美学文化传承包括文化传承和创新两个方面，两个方面相辅相成，共同作用。档案美学资源作为文化传承和创新的重要物质载体，在文化传承和创新方面理应承担起时代赋予的重要使命，充分发挥档案美学资源在文化传承和创新中的地位和作用，为社会主义文化建设做出贡献。

一、档案美学资源在文化传承和创新中的载体作用

档案美学资源是社会成员在社会经济发展中的生产活动和生活活动以及其他社会实践活动中形成的原始记录，以文字、图片、实物、声像等不同记录方式和载体形式，对社会存在和发展情况的原始记录。档案美学资源是文化的积累和历史的积淀，具有原始性、真实性、客观性、唯一性、稳定性、继承性等基本特点。社会发展过程中创造的物质文明和精神文化，通过档案美学资源的形式得以记载、保存和利用，有效地避免因时间、自然、人为等因素影响而造成的文化遗失。档案美学资源的服务功能，通过查阅档案美学资源，可以使档案美学资源中前人创造的文化成果和文化精神得以再现，文化得以传播和继承。档案美学资源固有的属性和特点，使

其成为文化传承的重要载体，成为文化传承的重要手段和比较切实可行的有效渠道。

二、档案美学资源在文化传承创新中的推动作用

档案美学资源作为社会历史发展的真实记录，当然也记录着社会文化的发展历程，档案美学资源在文化传承创新中承担了重要的责任，也是文化传承创新的重要推动力量。

档案美学资源的数字档案馆建设逐步推进，档案美学资源工作不断向信息化迈进，这为文化传承创新提供有力保障。充分运用现代技术手段，切实改善了档案的保管条件。对实体档案美学资源进行数字化扫描工作，确保了高校重要的文化资源以更安全的形式保存，以更便捷的方式传播。数字档案馆建设，不仅提高档案美学资源查询利用的效率，同时避免了对档案美学资源实体的破坏。原始档案美学资源实体数字化，档案美学资源的存贮方式更加多样化，落实重要档案美学资源异地、异质备份，确保了档案美学资源实体及文化资源的安全。积极推进的档案美学资源应用系统建设，数字档美学资源软件平台的搭建，使档案美学资源管理和服务向更加信息化、数字化、智能化的方向发展。

档案美学资源文化建设成果显著，档案美学资源编研工作不断加强，将档案美学资源转化为文化产品的力度不断加大，档案美学资源日益成为文化传承创新的重要资源。根据档案美学资源文化的内涵，我们认为档案美学资源文化包括社会档案管理文化和社会历史文化两个方面。现在我们主要讨论社会历史文化的建设情况：首先，加强对档案美学资源资料的研究和挖掘，出版具有特色和特点的档案美学资源文化产品。其次，档案美学资源文化的内容不断丰富。一些档案美学资源馆整理了有关老建筑、珍贵书画作品等的档案美学资源，还特别重点挖掘了名人档案美学资源资料。再次，注意口述美学资源的搜集和整理工作，保留珍贵的档案美学资源和文化信息。最后，档案美学资源文化的呈现形式更加丰富，传播渠道不断扩展。目前档案美学资源文化产品的种类日益丰富，除了报纸、通讯、杂志、书籍等传统的文化形式，还增加了网络等新形式，通过推出的档案美学资源文化产品，不断满足社会成员对文化发展的需求，让档案美学资源成为社会文化传承创新的重要推动力量。

三、档案美学资源在文化传承创新中的提供素材作用

优秀而充满生命力的档案美学资源必定是既饱含人文底蕴与人文积淀，又充满朝气和活力的文化，档案美学资源是社会的文化传统和办学理念的一种沉淀，记载着社会发展的历史。档案美学的办学方向、精神，凝练而厚重，无论是最初的创建，还是壮大发展到现有规模，都伴随着社会的成长，它记录了社会各个文化主题的萌芽、产生、发展和形成的整个过程，包括思想、精神、理念等，它收集和整理了社会各项活动的大量史料，包括社会生产和生活各方面，为社会的文化传承和发展积累了大量的宝贵经验。

四、档案美学资源在文化创新中的精神源泉作用

档案美学资源中蕴含了宝贵的文化资源，不仅记载了社会发展的历史，而且还能展现社会发展的现状和未来。档案美学资源承载的是整个社会的"记忆"，没有了社会的文化积累和历史积淀，不能很好地继承前人的优秀文化成果，无法很好地进行文化创新，就无法很好地开启文化繁荣。档案

美学资源中凝结了社会发展的理念和精神，蕴含了前辈先哲的科研成果和学术思想，更镌刻了社会成员爱国爱党的优秀品质和为社会发展所做出的杰出贡献。这些都是社会文化创新的重要基础。只有立足档案美学资源，充分学习和借鉴前辈先哲的经验和成果，才能使社会文化的创新根植于肥沃的精神土壤，才能获得源源不断的精神源泉。

五、档案美学资源在文化传承创新中的组成作用

档案美学资源是文化传承与创新的有机组成部分，档案美学资源是文化的一部分，而且是重要的一部分，相当于"根"或"核"的那一部分。中国人民大学的王英玮教授在其主编的《档案文化论》中提出"档案文化是人类社会各种组织和社会成员，通过有意识的创造性劳动，逐步积累和保存下来的维系和促进人类历史文明延续和发展的物质和精神文化财富"。档案美学资源文化自身的传承创新活动是社会文化传承创新的有机组成部分。充分发挥档案美学资源的育人功能，可以为社会营造良好的文化氛围，也有利于社会成员进行文化传承创新活动。同时，作为社会文化的重要成果和组成部分，档案美学资源文化也只有置身于整个社会的文化传承创新之中，才能促进其不断发展。档案美学资源工作者要牢固树立档案美学资源文化意识，以对历史负责的态度，科学系统地做好档案美学资源的收集和整理工作，创造性地开展档案美学资源编研工作，挖掘档案美学资源价值，发展档案美学资源文化。只有让社会成员感受到档案美学资源文化的气息和实效，档案美学资源工作才能充分发挥其服务功能，才能焕发出强大的文化生命力。

六、档案美学资源在文化传承创新中的平台作用

通过举办临时专题展览等各种形式，档案美学资源正积极参与文化传承创新事业，并成为文化传承创新的重要传播平台。

档案美学资源是社会历史的积淀，是社会文化传承的重要资源，也是社会开展爱国爱校教育的重要资源，日益成为宣传社会文化和社会精神的重要平台，已成为很多地方"新生入学教育"的重要内容，这充分体现了档案美学资源文化的育人功能。例如，开展高校档案美学资源校史馆的日常参观工作，也有利于提高高校文化的社会和国际影响力。高校档案馆负责建设的高校名人纪念馆，有利于高校师生学习和宣传高校名人大师的科学精神和崇高品质。部分高校档案馆正在积极探索利用档案美学资源建立档案馆、校史馆、博物馆"三馆合一"的综合档案馆模式，这必将为档案美学资源实现其文化传承创新职能提供更好的传播平台。档案美学资源不仅是文化传承创新的重要传播平台，也很好地支持了社会人才培养、科学研究、社会服务三大职能的实现。

档案美学资源在文化传承创新中的地位，抓住历史机遇，结合自身的资源优势，在做好档案管理和服务的基础上，充分发挥档案美学资源在文化传承创新中的功能，实现档案美学事业的跨越式发展。

七、档案美学资源在文化继承创新的保障作用

社会在各个历史发展时期的规章制度是档案美学资源管理的重要内容，档案美学资源全面翔实地记录着前人的经验和社会各个阶段的规章制度，为现在的管理人员提供珍贵的可借鉴的资料。另外，档案美学资源在

社会生产和社会生活等各个方面发挥特殊作用，为社会的各项工作提供参考。随着社会的发展，规章制度需要不断修订和完善，档案美学资源为健全社会各项管理体制机制提供依据，形成与现阶段社会发展建设相匹配的规章制度和管理体系，也为社会的发展奠定了扎实的基础。

第四节 档案美学资源文化传承与创新存在的问题

档案美学资源是文化的摇篮，在档案美学资源融入社会、服务生活的过程中，只有发挥"文化传承"的功能，才能更好地推进社会文化的进步，但目前美学资源在文化传承与创新方面还存在许多问题，笔者在本章节就这些问题进行简要阐释。

美学资源是社会文化重要的组成部分，但目前美学资源在文化传承与创新方面还存在许多问题，主要包括以下几个方面：

一、档案美学资源文化传承与创新意识不够强

强化档案美学资源文化意识观念，营造良好的社会环境与氛围。当前，社会大力提倡文化建设，却对档案美学资源文化的传承与创新重视不够，发展滞后。究其原因，最重要的一点就是社会档案美学资源文化的传承与创新意识观念薄弱。目前档案美学资源文化传承与创新意识薄弱，主要表现在推动档案美学资源文化建设中故步自封，缺乏与外界文化的交流，互动偏少，没有形成融入社会、服务行业的理念，不能完成档案美学资源的

共享与共建，导致有特色的档案美学资源文化与社会、行业衔接不足，一方面不能在交流中汲取其他文化的精髓，改进自身的缺点和不足，激发自身更多的价值，另一方面也不能与其他文化共创新的文化品牌、共建新的文化繁荣。档案美学资源文化意识观念的强弱，直接会从心理层面上强烈地影响社会成员对档案事业和档案美学资源文化建设的重视程度、理解程度和支持程度。因此，必须采取各种有效措施加强档案美学资源文化传承与创新意识，如将档案美学资源文化传承与创新功能融入档案美学日常工作，将这种意识贯彻到社会成员的工作和学习当中去，与档案法制宣传、有关纪念活动有机结合起来，进而提高社会成员对档案美学资源文化的关注度，营造出有利于实现档案美学资源文化价值的社会环境与氛围，弘扬档案美学资源文化，促进档案美学资源文化建设。

在大多数的社会成员眼里，社会经济发展才是当前的中心任务，而对档案美学资源工作的认知则还停留在"说起来重要、做起来次要、忙起来不要"的层面，并不真正了解档案美学资源的重要性和意义。因此，很多人不愿意或者认为没必要将材料移交给档案美学资源管理机构，而是更倾向于锁在自家的"小档案柜"里面，方便取用、查阅。众所周知，如果档案美学资源最基础的收集环节都不能有效完成的话，那后面档案美学资源的鉴定、整理、保管、编研、利用等其他工作根本无从谈起，规范化管理只能沦为一句口号。其次，只有放进配有各种专业设备的库房当中，才能让档案美学资源本身得到最大限度的保护，而普通办公室并不具备长期保管档案美学资源材料的硬件设施，故从长远来看，对档案美学资源材料的"物质安全"存在一定威胁。再者，各单位人员变动、工作交接有疏漏等都有可能导致档案美学资源的遗失。此外，档案美学资源若不移交给档案美学资源管理机构，则该档案美学资源的价值就无法得到进一步的开发，能产生的作用和效益也就微乎其微了。

二、档案美学资源文化传承与创新挖掘力度不够

　　档案资源是社会文化传承与创新的不竭源泉，当前社会各界对馆藏档案美学资源挖掘力度不够，导致档案美学资源文化传承与创新力度不足，目前馆藏档案美学资源因来源单一，其信息的涵盖面和辐射量受到限制，与社会成员工作和生活距离较远，档案美学资源缺乏应有的文化厚重感。此外，档案美学资源缺少档案美学资源文化精品的开发。档案美学资源文化的精品建设，是档案美学资源文化建设到达一定阶段应该树立的一个具有典型性和代表性的档案美学资源文化产品。档案文化美学资源精品建设需要对档案美学资源资料进行深入的研究，挖掘其丰富的内涵和外延，根据特色创建涉及物质领域、制度领域和精神领域的文化精品。现阶段在档案美学资源文化建设已经取得一定的成绩后，档案美学资源文化精品的树立将是下一步建设的重点。因此，一方面要通过加强征集工作，增加档案美学资源反映社会生活面貌的广度与深度，使馆藏与社会成员的经济文化生活接轨；另一方面则要向社会成员开放档案馆，简化手续，方便民众对档案美学资源文化资源的利用，发挥档案美学资源文化资源的作用。我们必须不断优化馆藏档案资源配置，加强档案美学资源文化资源建设，发挥档案美学资源文化传承和创新的功能。

三、档案美学资源文化传承与创新服务功能欠缺

　　档案美学资源的最终目的在于利用，如果档案馆藏的档案美学资源不

能服务于社会成员，档案美学资源则会失去价值，更谈不上档案美学资源文化价值的传承与创新，当前，档案馆对档案美学资源文化的服务功能认识不够，档案美学资源文化价值未得到充分实现。目前，虽然大多数都比较重视收集、整理和保护自己单位的档案美学资源，但是还没有真正认识到档案美学资源的文化服务功能，还没有把美学资源的价值发挥出来，因此我们应当积极转变观念，最大限度地开发档案美学资源的潜在文化，主动探索档案美学资源文化服务的切入点，突出自身的特色，挖掘档案美学资源文化精品，实现档案美学资源文化社会贡献最大化。

目前档案美学资源提供服务的方式，还停留在查阅人必须亲自到档案美学资源管理部门，出示单位介绍信或个人身份证，审核通过后，填写查询档案美学资源申请表，再由工作人员手工调取档案美学资源，复印并加盖公章这种传统的"你求我供"的被动服务方式，整个过程耗时耗力。查阅大厅里，人头攒动，声音嘈杂，毫无现代化可言。查档案美学资源的人累，工作人员更是不轻松。本来档案美学资源的社会认知度与接受度就不高，在信息化飞速发展的今天，如果继续固守传统的工作方式与服务模式，远离互联网，不仅容易引起公众不满，还很容易被社会边缘化，其影响力只会更加微弱，整个行业的社会地位岌岌可危。

四、档案美学资源文化传承与创新管理机制尚不健全

随着社会对档案美学资源文化资源越来越重视，很多企事业单位也加大了投入，不管是人力、物力、财力和制度上都不断完善和发展，也建立了档案美学资源文化传承与创新管理机制，但是更多的企事业单位投入也不够，存在着这样或者那样的问题，没有完善的机制。长期以来，由于种种原因，很多企事业单位的档案馆的档案美学资源文化传承与创新工作都处在落后和被动状态，制度建设、责任意识、管理人员安排、经费设施分配、操作规范、借阅手续等方面，显得都不够主动和科学。随着素质教育的强化和科学水平的提高，档案美学资源文化的服务内容越来越丰富，服务质量越来越高，档案美学资源的业务档案和文化价值也显得越来越重要。如何建设好、管理好、利用好这些档案美学资源，应该成为美学资源文化传承与创新同仁认真思考和积极应对的问题。

五、档案美学资源文化传承与创新缺乏传播途径

档案美学资源文化传承与创新能力是社会软实力的体现，它不仅承载着社会的内在文化精神，同时承载着社会文化走向社会的使命。从档案美学资源文化的价值入手，其本身具有传播和教育价值，而要真正实现这些价值，就需要借助一定的载体，需要具备专门的档案美学资源文化传播途径和方法，借助这些媒介才可能实现档案美学资源文化的传承与发展。档案美学资源文化一方面蕴含着社会文化的内核，另一方面承载着把社会文化推向世界的责任。

但现在的普遍情况是，档案美学资源工作在各地工作中常处于幕后位置，只为相关工作提供必要的服务，常用的宣传方式依然是传统的模式，宣传范围窄、受众小，在某种程度上远离了社会成员的日常工作和学习，同时也不能实现与社会文化的对接，这既不利于社会文化的自身建设，也不利于档案美学资源文化的传播发展。让社会成员了解档案美学资源文化、熟悉档案美学资源文化、热爱档案美学资源文化、积极学习档案美学资源文化不失为档案美学资源文化传承和创新工作的一条新途径，同时让社会

大众通过档案美学资源文化的传播对其有更进一步的了解，提高其社会声誉，增强其社会影响力。

六、档案美学资源文化传承与创新的服务对象单一化

档案美学资源文化服务的对象主要体现在推动档案美学资源文化建设时，服务的内容与对象比较狭窄，没有形成一种大档案美学资源文化的服务体系，影响了档案美学资源文化的发展基础。其服务的对象主要集中体现在社会成员的身上，并且只有当涉及自身利益的时候才会想到利用档案美学资源文化资源，与自己无关的时候也大多不会与档案美学资源打交道，更谈不上积极主动地传播档案美学资源文化资源，也谈不上档案美学资源的传承与创新，因此目前的档案美学资源文化传承与创新的服务对象比较单一，主要是面对单位成员，因此为了进一步扩大档案美学资源文化传承与创新服务对象，档案美学资源文化工作应该不仅仅立足于单位成员，应该让档案美学资源文化资源面向社会，不断扩大档案美学资源文化资源传承与创新服务的对象。

当前收集档案美学资源，更多的还是各单位在工作中形成的党群、行政、教学、科研等资料，内容上"政治详细、文化简略"，"红头文件"等纸质材料占据大半壁江山。这种单一的收集形式导致涉及美学资源文化的信息资料少之又少，也与今时今日的工作现状严重不符。随着技术的进步，我们现在记录工作的形式多种多样，有图片、照片、视频、实物以及各种格式的电子文件美学资源，而这些并没有在库存档案美学资源中体现出来，档案架上只有一排排的纸质档案美学资源，密密麻麻的文字，整体偏死板、不生动，严重偏离了社会成员的生活轨迹，让档案与社会成员和社会之间

的关联渐行渐远。因此，突破现有的单一的工作格局和僵化的工作方式，加强档案美学资源的文化属性已刻不容缓。

七、档案美学资源编研有限，开发深度不足

档案美学工作长期以来都处于"重藏轻用、你来查阅、我才调取"的保守状态，档案美学资源管理人员的工作也多是停留在装订、整理、保管的基础性环节上，对档案美学资源中蕴含的丰富信息资源开发利用严重不到位。以笔者所在单位为例，库存档案美学资源中数量最庞大、最经常被查阅的就是各类公文、财务票据和学生学籍表，档案美学资源的价值仅仅体现为工作记录和凭证，几乎没有任何社会效益和经济效益可言，对档案美学资源的编研也只是停留在每年的大事记、组织机构沿革和教育年鉴等基础层面。这就导致了许多珍贵的档案美学资源长眠于库房当中无人问津，不仅加剧了人们把档案美学资源管理等同于简单地保管文件的意识，而且也没有发挥出档案美学资源的宣传教育作用，阻碍了档案美学资源工作地位的提升。

八、档案美学资源宣传力度不够，自我展示不足

碍于传统思想的束缚，档案美学工作在总体工作中常常处于幕后位置。由于宣传不到位，档案美学工作在一定程度上远离了社会成员的视线，与外界的联动较少，存在价值几乎为零。而越是沉默不语，就越发"锁在深闺无人识"，也就越不容易引起重视。不被重视的后果就是社会的认可度低，在人力、物力、财力等各方面吝于投入。久而久之，恶性循环就此形成。这样的局面既不利于档案美学工作的建设，也不利于社会文化的发展。

142

要真正认识到档案美学资源的重要性，树立一定的形象地位，依靠档案美学资源自身的文化底蕴固然重要，但积极地宣传档案美学资源也必不可少。

第五节 档案美学资源文化传承
与创新路径

由前文可知，档案美学资源在文化传承与创新工作中存在着很多不足，那么我们该从哪些方面来弥补这些不足呢？笔者认为可以从以下几个方面来加以讨论。

一、增加经费投入，建立档案美学资源馆

档案美学资源在文化传承与创新工作中存在着经费严重不足的问题，因此，应该加大对档案美学资源工作的投入，通过提供必备的办公环境和购买必备的办公设备，建设一个智能型的档案美学资源馆，这是当前搞好档案美学资源文化传承与发展迫切需要解决的一个重要问题。在档案美学资源馆建设中应该导入 CI 系统，系统中行为识别（BI）对内包括：组织制度、管理规范、专兼职档案人员的培训教育、库房管理等各项规章制度，对外包括：服务接待窗口规范、公共网络平台、文化性活动行为等。

还要充分利用档案馆、校史馆等平台，导入 VI 并发展多元化的文化衍生品。档案管理部门的 VI 设计、标准字、标准颜色为核心开展，将档案的理念文化、服务内容、操作规范等抽象概念转换为具体的可识别的形象，从而塑造出独特的文化特征和形象。

二、加强档案美学资源文化人才队伍建设

目前，档案美学资源人才队伍结构的不合理也是导致档案美学资源不能更好地发挥传承与创新作用的重要原因，因此在档案美学资源人才队伍建设上我们必须做到以下两点：第一，加快档案美学资源队伍的更新换代。在档案美学资源文化传承与发展过程中，应为档案美学资源工作者提供一个自我审视、自我塑造、自我选择的契机。他们的角色将逐步由档案美学资源实体保管员向档案美学资源文化遗产的保护者、社会记忆的维系者、档案美学资源文化的传播者、管理决策的参谋者等多重角色转变，他们作为桥梁、导航的作用将变得更加重要。在保持档案美学资源工作稳定性和延续性的同时，优化人员群体结构，重视交叉人才的引进，加强青年人才、创新人才培养，使档案美学资源工作充满活力。第二，加强档案美学资源工作人员的培训工作，定期或不定期地对档案美学资源工作人员进行培训，除了档案美学资源管理理论知识、档案美学资源工作流程及业务环节实际操作技能培训之外，更应注重新知识运用和综合素养的提升。

三、营造氛围，树立档案美学资源文化意识

档案美学资源文化建设是当代中国先进文化建设必不可少的内容，档案美学资源文化意识的强弱，直接影响人们对档案美学资源工作和文化建设的理解、支持和认可程度。然而，受传统观念影响，社会对档案美学资源的重视程度不够，导致档案美学资源文化建设的意识较为薄弱。档案美学部门要充分关注档案美学资源工作人员和社会成员的档案美学资源心理，在社会文化建设中，充分利用馆藏美学资源开展各类档案美学资源专

题活动，对档案美学资源文化加强宣传，营造有利于实现档案美学资源文化价值的特色文化环境和氛围，从而牢固树立档案美学资源文化意识，弘扬文化内涵，积极、主动参与到档案美学资源文化的建设事业中。

四、丰富档案美学资源馆馆藏

文化传承与创新，传承在前，创新在后。可看出传承的基础作用，因而需要加强档案美学资源馆的馆藏建设。在社会发展的各项工作开展过程中，都会形成相应的档案记录，档案美学资源馆的馆藏则需囊括社会发展各方面的真实记录。因此，要积极收集社会发展与生产生活活动中自然形成的各种形式的信息记录，特别是图片、声像等载体形式的档案美学资源。在积极服务社会活动中与各管理部门、社会成员实现互动，密切联系，以扩充档案美学资源的来源。

为丰富凝聚文化资源，加强档案美学资源征集工作。重点突出名人档案美学资源与实物档案美学资源，能给人以直观上的感受。征集的人物档案美学资源主要针对在教育、学术等方面有突出贡献的档案美学资源，征集的内容则囊括视察、访问、演讲材料、题词、亲笔手稿、信函、笔记、论著、学术成果、生活学习记录等。征集的实物档案美学资源主要包括社会在生产、发展过程中所产生的牌匾、奖杯、荣誉证书、新闻报道、著作、照片、器具等实物档案美学资源。

不言而喻，社会各界对档案美学资源文化的需求呈现高涨的态势。以此为契机，档案美学资源馆可以按照社会对档案美学资源文化的需求，在档案美学资源征集工作中，通过制定相关规定，将接收档案美学资源范围扩大到具有社会文化利用价值的文化性档案美学资源，注重对反映人文精神和民族文化精髓的档案美学资源以及有文化特征和特色档案美学资源史料的征集，使更多被各类档案美学资源利用者所需求的富含文化元素的档案美学资源能够收集进馆，以丰富档案美学资源文化资源，从而为档案美学资源文化建设奠定坚实的文化史料基础。

档案美学资源作为社会先进文化发展的主要资源，其文化价值弥足珍贵。要增加档案美学资源的库存数量，增强档案美学资源馆藏的文化底蕴，必须做到四点：第一，积极收集生产、生活、科研、社会服务、文化传承和发展中自然形成的各种形式的信息记录。第二，在积极服务社会活动中与各管理部门、社会成员实现互动，密切联系，以扩充档案美学资源来源。突破单一纸质档案的框架结构，更加注重电子、声像、实物等载体档案的征集和收集工作，第三，做好大事、要事材料的归档工作，把重大历史事件和重大历史节点的档案美学资源加以留存。第四，通过深入征集、挖掘杰出人物在其活动、生活中所形成的具有重要价值的文字、实物、声像资料，建立全方位、立体化档案美学资源库，真实全面地记录他们的人生经历和卓越成就。第五，主动开发尚未归档的各类优质档案美学资源文化资源和创造素材，不断丰富档案美学资源文化开发内涵。

五、精心编纂，打造档案美学资源文化精品

在尊重档案美学资源的真实性和完整性的前提下，立足于特定的文化层面对档案美学资源进行整理和编研，站在特定的文化视觉角度透视档案美学资源，大力发掘档案美学资源文化内涵，挖掘其中蕴藏的文化信息，将其转化为文学、艺术等档案美学资源文化精品，对图片、图像等视觉、听觉丰富的多媒体材料，还可配以简明扼要的文字解释，从而更好地弘扬

档案美学资源文化。同时，从档案美学资源文化的多样性出发，大胆探索档案美学资源文化的感染力，分类整理特色文化产品，如汇编成册的反映社会发展的照片集、风采录集等极具特色的档案美学资源文化产品，为档案美学资源文化建设开拓更广阔的路径。

六、加强档案美学资源的编研工作

文化是看不见摸不着的思想范畴，只能通过人们对于文化的感受来获取。而档案美学资源是具体的事物存在，它所蕴含的文化是需要提取出来，经过传播，才能有效地实现档案美学资源到文化的转变。由于个人对文化的感悟差异，不同的人感受的文化或其能力不同，可能导致有的人无法感受到某份档案美学资源中的文化。所以，档案美学资源在履行文化传承创新职能过程中，为提高档案美学资源的可传播性和传播的效果，需要加强档案美学资源的编研工作，提炼档案美学资源中的文化信息，帮助社会成员感受社会文化。

在档案美学资源文化传承和发展中，为提高档案美学资源的可传播性和传播的效果，档案美学资源编研人员要加强文化信息的提炼，进行深度的编研工作。以档案美学资源为基础，建立纵横交叉的编研体系，其方法如下：第一，纵向研究，以档案美学资源编撰为核心和主体，以大事记、史志编写和重要人物、重要事件、重要成果、重要时期等系列专题研究为两翼和依托的档案美学资源文化编研体系。档案美学资源文化编研的成果，通过陈列展出和出版发行后，将会成为特色的文化产品。第二，横向研究，以深度挖掘档案美学资源文化的亮点为目的，以展示、展览、传播档案美学资源文化为手段，编研开发档案美学资源文化产品，从而提升社会文化的软实力。第三，着重加强对具有审美价值的社会发展史档案美学资源的研究，利用档案美学资源来研究社会发展史，有助于提高社会成员对社会发展历史的认识，对社会发展的文化产生共鸣，并引导社会成员向社会文化看齐，提高社会文化凝聚力和促成奋进向上的精神风貌。

七、加强宣传，助推档案美学资源文化建设

档案美学资源文化建设离不开行之有效的宣传和推广，借助各种宣传平台，搞好档案美学资源文化的宣传，主要途径包括：第一，通过网络展现社会历史与发展现状，并结合相关主题教育活动开展档案美学资源文化展览，宣传档案美学资源文化；第二，运用档案美学资源馆藏资源制作专题片，通过电视台、报纸等进行成果宣传；第三，举办档案美学资源文化知识讲座，介绍档案美学资源工作、档案美学资源馆藏、查阅利用服务等各方面知识，加深社会成员对档案美学资源重要性的认识；第四，要转被动服务为主动服务，通过调研积极了解档案美学资源利用者对档案美学资源文化的具体需求，有针对性地提供个性化、多样化的档案美学资源文化产品。第五，深入挖掘社会历史和精神，制作图文并茂、贴近文化建设实际、富有吸引力的档案美学资源文化宣传资料；第六，举办专题展览、拍摄纪录片，编印反映社会发展辉煌的宣传画册、出版传记与回忆录，开发档案美学资源文化产品，使档案美学资源成为一个真正的集宣传、文化教育和信息服务为一体的文化传承和发展的重要载体和手段。

八、强化档案美学资源服务理念

档案美学资源必须开放服务，为社会利用档案美学资源创造便利条件，

赋予档案美学资源服务社会的新职能，档案美学资源工作人员应充分挖掘档案美学资源，采取多种形式，如举办档案美学资源展览、陈列、建设档案美学资源网站等，积极开展档案美学资源宣传工作，以丰富社会文化和社会精神文明建设的内涵。有条件的发达地区，可以申请创设爱国主义教育基地，体现社会档案美学资源工作服务的必要性与可行性。因此，档案美学资源在履行文化传承创新职能过程中，要利用档案美学资源为社会培养人才，提供科学技术支持，提供多元服务，向社会传播先进的文化、创新的文化。我们应积极挖掘档案美学资源中蕴含的文化，采用多种形式、多种途径提供档案美学资源文化服务，以吸引更多的档案美学资源利用者利用档案美学资源，保证档案美学资源的活力。

文化传承创新职能是赋予档案美学资源的历史使命，档案美学资源馆（室）应该以此为契机，在做好档案美学资源管理与提供利用工作的基础上，加大开发档案美学资源文化资源，借助信息化扩大档案美学信息资源的传播范围，在档案美学资源文化服务中体现价值和实现自身的提高和创新。

九、加强与地方政府机构的合作，开发档案美学资源文化精品

档案美学资源文化的传承与发展不同于一般的档案陈列展示和编研工作，仅靠档案美学部门的自身力量创作档案美学资源文化精品，在资源收集、开发人才、创作速度、作品质量等方面存在相当大的难度，因此，必须更新发展观念，创新发展模式。因此，我们应该积极与地方政府合作，将档案文化的传承与发展规划纳入市委、市政府的文化工作规划，精选创作主题，联合博物馆、图书馆、文化局等举办文化展览，共同编辑出版文

化史料；从网页、展厅发布一些珍贵历史档案，开发文化历史；与作家、编剧、导演合作共建文化产品，摄制文献纪录片、电视专题片等。

　　档案美学资源文化的传承与发展是一项长期性的系统工程，需要政府及社会各方共同努力。档案美学资源工作人员作为文化建设中的一份子，关键是要运用系统工程理论，考察社会文化环境和档案美学资源工作环境，并做到知行合一，视社会文化的传承与发展为己任，统筹运作，以档案美学资源文化滋养社会文化，并用相对固定的方式形成工作习惯，使档案美学资源工作成为社会文化建设的推进器，建设富有地方特色的文化体系，更好地服务地方建设，从而为建设我国文化强国尽一份力量。

第八章 档案美学未来发展
趋势研究

第一节 档案美学未来发展总体趋势

随着我国市场经济的高速发展，档案美学工作扮演了越来越重要的角色，因此研究档案美学工作未来发展趋势的问题具有重要意义。本文从档案美学工作适应社会经济整体发展趋势，档案美学工作法制化、制度化、规范化，档案美学工作问责机制，档案美学工作人员素质，档案美学工作资源信息的共享化，档案美学工作的职能转变等几个方面对档案美学工作发展趋势做了研究，希望有利于促进当前的档案美学工作。

众所周知，档案工作逐步成为当今生活和工作不可或缺的重要组成部分，档案美学的研究显得更具有现实的意义，准确地把握当前档案美学工作的未来发展趋势将有利于我们更好地开展档案工作，当前我们的档案美学工作未来发展趋势主要体现在以下几个方面：

一、档案美学工作顺应社会整体经济发展方向

随着我国市场经济的不断发展与深入，同时为了适应加入世贸组织后

所面临的新形势、新环境、新挑战，我们的档案美学工作发展趋势必将有所调整。当前政府对国家档案事业的资金投入将会越来越多，因此，我们的档案美学工作也应当做出相应的调整，如何提高档案美学工作人员适应当前经济发展的趋势和档案工作重点的转移，是我们必须面对的新问题和新课题，只有档案美学工作人员了解了我国当前的整体经济发展趋势，才能有效地开展和推进档案美学工作，进一步促进档案美学工作的可持续发展，同时档案美学工作顺应了国家整体经济发展方向，反过来也有利于促进经济进一步发展。

二、档案美学工作法制化、制度化、规范化

由于我国法制社会的逐步建立和健全，我国档案美学工作的法律制度体系也得到进一步发展与改善，国家的档案美学工作法律的颁布与实施，各种档案美学工作规范制度的健全，使得依法制档工作逐步实现成为可能。为了达到档案美学工作规范化目标的实现，档案美学工作制度化将成为全国各级档案机构的内在要求和必然趋势，建立、健全各级内部档案机构分工与协作，制定和完善档案美学工作的各项规章制度是实现档案美学工作制度的前提条件与基础。同时在现有档案美学工作规范化和制度化的过程中，应该紧紧围绕档案美学工作客观实践，不断借鉴西方发达国家档案美学工作中的先进经验与教训，使其能够解决档案美学工作中的实际问题，少走弯路，进一步促进我们的档案美学工作法制化、制度化、规范化。

三、建立完善档案美学工作问责机制

当前，问责机制已经逐步成为法制社会的共识，因此我们的档案美学工作也应该注重问责机制，不断建立完善档案美学工作的问责机制。问责机制就是对档案美学工作人员的责任履行状况开展多形式的监督，对于不履行或者履行不恰当的行为应该进行责任追究。档案美学工作人员应该不断加强档案美学工作的责任意识，避免工作的随意性。此外，在档案美学工作人员提交档案美学报告之后，应该由档案美学工作上级部门对档案美学报告予以全面分析与检测，对档案单位的责任人出现的问题进行追踪，并要求档案单位的责任人能够针对出现的问题制订确实可行的解决方案，并在规定时间之内进行整改。上级部门会对档案部门进行监督，确保问题能够得到行之有效的解决，通过档案美学问责制度的建立与完善，让档案美学的工作真正落到实处，提高档案美学工作效率和质量，从而进一步减少和降低档案美学工作中存在的问题和风险。

四、以人为本，强化继续教育与培训，档案美学工作人员素质全面转型

我们应当以人为本，不断加大对档案美学工作人员的继续教育与培训，保证档案美学工作人员具有胜任档案工作所必需的专业知识和技能，因此，建立一套行之有效的继续教育与培训制度，提高内部档案美学工作人员的专业素质势在必行。首先，应该设置严格聘任制度，把握好入门关卡，在聘任档案美学工作人员时，要求内部档案美学工作人员不仅要具备基本的专业知识，同时具备相关资质证书，此外，还要求档案美学工作人员具备良好的道德素养和踏实的工作态度。与此同时，应该对内部档案美学工作人员进行定期培训，提高档案美学工作人员的责任意识和专业素养，加强对档案美学工作人员职责履行状况的监督。与此同时，要实现档案美学工作人员素质全面转型，提高内部档案美学工作人员的档案业务水平及能力，使其能够尽快成为集素质与技能于一身的复合型人才，建立不同层次的复合型人才结构，培养和造就一支奋发有为、能打硬仗、勤政务实、廉洁高效的复合型人才队伍，才能保证社会保障档案美学工作的质量，切实利于档案美学事业的发展，为构建和谐社会服务。

五、档案美学工作资源信息的共享化

档案美学资源管理水平高低是制约档案美学工作发展的一个重要因素，我国档案美学工作的管理水平与国际现代化档案管理水平还存在着较大的差距，因此我们必须不断创新档案管理机制、强化档案美学资源信息共享化。档案美学工作作为档案事业的一项整体服务事业，我们必须树立整体意识和全局的思维，坚持全国档案美学工作"一盘棋"工作思路，对档案美学资源进行科学整合，最大限度地发挥档案机构的整体效能。档案美学资源质量是档案美学工作的生命线，是档案美学机构赖以生存和发展的基础，全国各级档案美学机构通过加强共享、整合档案美学资源，才能提高档案美学工作的质量和效益，为全面提升档案美学工作服务水平打下良好的基础。此外，档案美学工作专业性强、内容复杂，各阶段的档案美学工作量都比较大，而档案美学资源共享可以减少很多重复性的工作，提高档案美学工作效率。

六、档案美学工作的职能由"监督导向型"向"服务导向型"转变

随着社会主义事业改革的不断发展和深入，新的管理手段、运行模式、所有制形式、经济运行模式等新事物的不断涌现，对档案美学工作提出了

新的更高的要求。档案美学工作人员应改变传统的思维模式和思维方式，应由"监督导向型"朝着"服务导向型"转变，档案美学工作的职能也将由传统的收集保管、整理、查阅职能转变为调研、分析、考核、预警等综合业务职能。

七、档案美学工作树立以人文本的观念

档案美学的理论实践证明，只有把具有丰富创造性的人作为档案美学未来发展的中心，对人进行档案美学理论的引导，使得档案美学的共同价值观渗透到档案美学实践工作中，才能调动档案美学工作者的积极性和主动性。"以人为本"在档案美学工作中的表现为：一是，将档案美学工作者作为档案美学活动的主体，通过各种美育教育，增强档案美学工作者的责任感。二是，档案美学主管部门能够以档案美学理论价值观和文化精神为核心，以档案美学工作群众共识为基础，根据档案美学的目标和发展战略来转变观念，培养档案美学的价值观和档案美学精神。三是，以档案美学理论为先导，开发档案美学内部文化资源，创造档案美学良好的文化氛围，着重提高档案美学工作者的思想素质、文化素质和技术业务水平。四是，以物质利益机制、民主管理机制为保障，建立相应的工资福利制度和民主管理制度。

八、档案美学工作树立用户至上的观念

档案美学资源的最终目的在于服务，服务的对象即档案美学利用者。档案美学工作要面向市场，说到底就是要面向档案美学利用者，以档案美学利用者为中心，培养档案美学文化，提高档案美学理论水平，具体来说，

一是，要根据档案美学利用者的要求和意见，开发、设计和制造新的档案美学资源，提供优质服务，通过不断与档案美学利用者进行交流，把档案美学利用者潜在的需求转化为现实档案美学资源。二是，建立档案美学利用者咨询体系，尽量满足档案美学利用者的各种需要，随着档案美学资源的不断升级，各种服务要求也应该得到提高。三是，树立服务第一的观念，不把追求盈利作为档案美学未来的发展趋势，不断对档案美学的生存环境进行文化开发，树立良好的形象。

九、创新档案美学管理体系

在档案美学发展过程中，常常会出现大量的档案美学资源需要集中处理或者很多零散的档案美学资源需要收集和整理的情况。基于此，档案美学工作人员在工作过程中需要对每个过程进行详细的规划，创建完整的管理体系，对同类的美学档案资源进行整合归类，对不同种类的档案美学资源进行划分，迎合时代发展，建立网络档案美学资源平台，档案美学工作人员按照操作流程正确录入资料，提高录入速度，并利用计算机技术的自动分类整理，实现信息化管理。

第二节 网络时代的档案美学管理探析

大数据正在深刻地改变着我们的社会和生活。档案学术界已经对大数据开展了一定的学术研究。大数据在档案美学行业的应用还需不断成熟和完善。本章节对大数据的概念、档案美学大数据的产生、大数据技术在档案美学管理中应用的挑战进行了阐述。

如今，我们正处在一个信息爆炸的时代，海量的数据正在影响着我们的工作、生活以及我们的思维，这些变革也给档案美学管理工作带来了机遇与挑战。

一、大数据概述

众所周知，"数据"（Data）一词在拉丁文中最早的意思是"已知"，在现代通常被理解为"事实"。"大数据"（Big Data），又称巨量资料，指的是在某个系统中所涉及的数据量规模比较大甚至大到根本无法利用当今主流软件、主流媒介，在特定的时间内实现数据的收集、整理、分析、处理或转化成为帮助决策者决策的基础信息和可靠的信息来源。

大数据这个概念的含义主要体现在"大"字上。它不仅表现在数据体量上大，还体现在数据维度上大，大数据没有一个统计定义，其有代表性的是4V特征，即认为大数据有四个特点：规模性、多样性、高速性和价值性，这已经得到人们的认同。

二、档案美学大数据的产生

随着互联网技术的发展，博客、社交网等先进的互联网技术诞生，人们产生信息和获取信息的方式不断变革，云计算、物联网等技术的应用，使数据正爆炸性地增长，可见海量数据时代已经来到。

原有档案美学数据大部分来自工作人员在业务系统中形成的大量的纸质档案，档案美学数据归档在时效性上一般具有滞后性。档案美学大数据的产生主要有两个方面：一是各业务系统产生的海量、实时的业务档案美学资源；二是已经藏于档案馆中的大量业务档案美学资源数字化后的信息资源。

随着移动通信网络、物联网等技术的发展，人们的办公环境发生变化，各业务系统产生的业务数据具有及时性、多样性、海量性等特征。在每个组织中，有众多的业务系统都在实时产生大量的业务数据。比如在高校中，办公的 OA 系统、财务系统、学籍系统、人事系统、科研系统等产生的大部分是数字化的数据，它们可以实时地转换为档案数据。这些数据量不是简单的用 GB 来衡量，而是达到 TB 和 PB 级别，甚至更高。

随着国家档案美学行业数字化工作的逐步推进，众多馆藏的纸质档案美学资源正在通过数字化设备转换成大量的数字化档案美学资源。目前，档案美学资源信息化发展速度快，这些档案美学资源正在呈现几何级数的增长趋势。

三、大数据技术在档案美学管理中应用的挑战

一种新技术的变革给档案美学行业带来机遇的同时，也会带来巨大的挑战，只有不断地适应这些挑战，才会让档案美学管理与时俱进，从而提升档案美学管理的质量和服务水平。

（一）大数据自身技术还需不断成熟和完善

大数据技术随着物联网技术、人工智能、通信技术等信息技术的发展而发展，其自身仍然处于初级阶段，还需不断地在理论和工程技术上变革。大数据技术在各个行业的应用也处于初始阶段，工程上还有许多疑难的问题有待人们去攻克。

在档案美学行业，大数据的实际应用晚于其他行业。国家现在不断地发展档案美学资源数字档案馆，并且馆藏档案美学资源的数字化工作还在

如火如荼地进行，这些工作带来大量的数字化的档案美学数据资源；另外一方面，人们工作实时地产生了大量的数据，那么如何收集、整理、存储、分析和处理这些海量的数据，是我们需要解决的关键问题。如今的大数据采集、存储、分析技术还有待发展，要不断适应档案美学行业的需求。

（二）大数据时代的档案美学信息安全的挑战

档案美学资源的安全是档案美学管理的重要环节，其包含的范畴较广，涉及档案美学资源数字档案、纸质美学档案、库房安防等多方面的安全。档案美学大数据安全更多是研究数字化档案的安全。著名的网络安全专家沈昌祥院士指出信息系统的安全是有共性的，只要是信息系统的安全就应该有等级保护技术去维护其安全。档案美学大数据安全仍然属于信息系统安全的范畴。档案美学大数据安全是一类特殊的信息系统安全，根据《信息系统安全等级保护设计技术要求》的相关要求，我们建立档案美学大数据管理系统的安全可信的防护体系时，主要根据大数据来源可信、信息传输可信、有效的数据存储、可信的信息访问控制、安全管理机制等五个方面构建档案美学大数据安全保障。

档案美学大数据来源可信主要是在终端采集大数据时，数据是可信的。例如在高校学籍管理业务中学生各科成绩是否是正确的；毕业证号、学生出生年月、籍贯等信息是否完整无误；在 OA 系统中，办公会议的通知、纪要等文件的流程是否完整，领导签字信息是否可信等都需要建立严格监控机制，以保障数据可信。

档案美学大数据传输可信的防护系统中，网络系统在传输数据时是安全可信的。一般可以通过信息的密级层次进行加密处理后，再通过各类通信网络进行传输。

档案美学大数据存储需要通过构建有效的存储体系，对档案美学大数据资源采取分级备份和异地备份等措施，对系统容灾、保密信息进行集中控制和管理，确保大数据资源的有效存储，做到有备无患。

　　档案美学大数据访问控制需要根据不同的角色划分，设计不同角色访问数据的权限。根据等级设计成不同的等级访问，例如对于单位领导、一般工作人员、学生、教师等人员访问相关数据时安排不同等级的访问控制机制。

　　安全管理机制是档案美学大数据安全管理的重心。首先要建立健全相关的管理制度，规范化的建设是构建档案美学大数据安全体系的一项系统工程。一套标准、规范、有序的运行机制对保证档案美学大数据的安全至关重要。其次是构建以数据为中心的信息安全系统。通过云计算、数据挖掘、人工智能、机器学习等技术对系统中的各个环节进行行之有效的安全防护。

　　（三）大数据专业人员队伍的建设

　　传统档案美学管理人员中，熟悉现代信息技术的专业化人员较少，而且专业人员的知识结构落后于时代。在大数据时代，对档案美学大数据资源进行合理的管理需要更加专业的人员队伍。我们需要对人员队伍进行扩充和培训：一方面积极引进具有大数据管理经验的人才；另一方面将本单位的档案美学管理人才送出去进行大数据管理的专业培训。通过引进与送培的措施来加强档案美学大数据管理人员的业务素质，提升管理技能。

　　由此可见，我们要适应大数据时代的发展，就要实时进行大数据在档案美学行业的研究和实践。只有与时俱进，才能提高档案美学行业的管理和服务水平。

第三节 网络时代档案美学工作
存在的问题

随着大数据时代的来临，社会各界对档案美学工作提出了更高、更新的要求。本章节从档案美学资源数据不能顺应大数据时代发展需求、对大数据时代档案美学工作认识不到位、档案美学工作中数据资源整合和共享力度不够、大数据时代下档案美学工作方法和手段比较落后、大数据时代档案美学工作人员整体素质不高等几个方面探讨了大数据时代档案美学工作存在的问题，希望对大数据时代档案美学工作的开展有一定的借鉴意义。

大数据视野下档案美学工作存在的问题：

一、档案美学资源数据不能顺应大数据时代发展需要

随着大数据时代的来临，档案美学工作也要做出相应的调整，档案美学工作中风险的覆盖范围拓宽，使得档案美学工作的管理风险朝着动态的方向发展，传统意义上的档案美学工作已经远远不能适应现代社会的发展。在大数据时代背景下的档案美学工作，必须要以数据分析为基础构建风险导向模型，建立有针对性的数据覆盖机制，这一系列的活动都将档案美学工作与大数据紧密联系起来，导致我们的档案工作一刻也离不开大数据时代的支持，同时大数据也将更加有利于档案美学工作的发展。

大数据时代档案美学工作的发展趋势要求档案美学工作人员面对大数据时代产生的新思维、新技术与新方法等多方面的变革，档案美学工作人员需要不断创新档案美学工作的思维方式以适应思维模式及数据处理模式

的变化。档案美学工作人员不仅要能了解数据的采集以及数据处理技术的变革,更要能挖掘数据、分析数据、驾驭各种数据,同时又要及时、准确地从大量复杂的数据中,辨认出对档案美学工作有意义与价值的数据,进而帮助决策人员做出最佳的决策。只有深刻认识到大数据发展带来的影响,我们的档案美学工作才能顺应时代发展的需求。

二、对大数据时代档案美学工作认识不到位

档案美学工作直接担负着维护社会档案美学资源完整与安全的重任,长期以来,档案美学工作都以"默默无闻、无名英雄"为荣,这种思想观念在大数据时代必须改变。此外,由于档案美学工作的运行机制和自身规律表现为周期性和滞后性,以及档案美学工作不具有显性的经济效益的特点,容易使人们产生在思想认识上的偏差,大多数人往往出现在口头上重视,而在实际工作中忽视的现象。因此,大数据时代背景下,我们应该改变旧的档案管理理念,增强档案美学工作的主动性、积极性,丰富档案工作的内涵,扩大服务范围,提高服务的质量,进一步解放思想,适应档案美学工作新的发展需求。大数据档案美学意识工作新的理念要求,要通过一定的档案美学工作理念设计将档案功能嵌入到社会生活的各个方面,以达到促进社会经济社会活动的目的。

当前一些领导将档案美学工作可持续发展和经济效益相混淆,对档案美学工作的职能和作用认识发生了错位,甚至有些领导认为,档案美学工作不具有生产功能和经济效益,大数据时代不会对档案美学工作产生很大的影响,这些错误的观念和认识,对档案美学工作产生了不少的负面影响。同时随着档案美学工作各种制度的逐步完善,这种认识虽然有所改变,但

以上种种问题仍不同程度地存在着，这些错误观念导致某些领导在面临大数据时代的档案美学工作时会茫然失措、无所适从。因此认识不到位，必然会影响到大数据时代下档案美学工作的开展。

三、档案美学工作中数据资源整合和共享力度不够

当前，档案美学工作的管理系统大多比较分散，不同管理系统中的数据无法实现有效融合，为档案美学工作信息化管理带来了不少困难，档案美学工作信息化严重滞后于大数据时代的发展。因此必须实现档案美学工作内部业务系统的高效融合，加快对各系统的数据端口互通或兼容软件系统的开发与利用，将不同的系统资源整合在一起，运用档案美学资源信息化工具实现对应业务数据的分析和筛选，以促进档案美学工作的效率。

四、大数据时代下档案美学工作方法和手段比较落后

目前，档案美学工作的方法和手段大多比较传统滞后，无法满足大数据时代档案美学事业快速发展的需要，通过调查我们发现，当前，大多数的档案美学工作主要以开展简单的手工操作为主。这种传统的档案美学工作方法严重滞后于现代社会的大数据发展，影响档案美学工作的进一步发展。而大数据档案美学工作理念的核心是：档案美学工作人员通过大数据系统不仅要善于发现问题，而且要善于解决问题，更要从发现问题的过程中找出管理上的漏洞，并形成建议报告给单位领导，这样可以不断提高单位的管理水平，从而大大提高了档案美学工作的效果。

与此同时，在档案美学工作手段上，档案美学工作人员大多数仍采取以手工作业为主，虽然档案数字化工作在年度计划中口号都提得很响，却

很少实施，这与大数据时代档案美学工作的发展很不协调。

五、大数据时代档案美学工作人员整体素质不高

大数据时代下对档案美学工作人员的整体素质提出了更高的、更新的要求，当前档案美学工作人员一般都是一些具有档案工作经验的人，但缺乏系统全面的档案知识和档案技能，专职人员较少，兼职人员较多，后续教育不足，数字化技能掌握不全面。在大数据时代下，一些档案美学工作人员虽具有档案美学工作经验、档案美学知识和档案美学技能，但对大数据要求的计算机技能掌握不够。因此，档案美学工作既是一项专业性、技术性很强的工作，又是一项管理服务性工作。这就要求档案美学工作者不仅要具有较高的政治素质、较好的专业知识、有扎实的业务功底、较强的管理能力，还要能掌握审计、财务、经济学、计算机等其他方面的知识。

第四节 "互联网+"档案美学工作面临的
机遇与挑战

随着社会主义建设和改革开放的不断深入发展，档案美学工作日益成为社会非常重视的工作，档案美学工作的作用，正在由档案美学领域扩大到政治、经济、社会等各个领域。档案美学工作正面临着前所未有的良好发展机遇，同时，档案美学工作中也还存在诸多亟待解决的深层次问题与矛盾，机遇与挑战并存。在"互联网+"的新视野下，档案美学工作应积极应对，努力解决好各种问题与矛盾，进一步促进档案美学工作的发展。

众所周知，"互联网+"这一概念是在移动互联网、大数据、云计算等环境下出现的，它力求充分发挥互联网在优化和集成社会资源配置中的作用，将互联网的创新成果深度融合于经济、社会各领域之中。其运营模式则为"互联网+各个传统行业"，但这并不是简单地将两者相加起来，而是利用信息通信技术以及互联网平台，让互联网与传统行业进行深度融合，与市场、用户、产品、技术、企业价值链乃至整个商业生态进行深度融合、重组和创新，提升全社会的创新力和生产力，形成更广泛的以互联网为基础设施和实现工具的经济发展新形态。在"互联网+"新形势下，我们的档案美学工作面临哪些机遇和挑战呢？

一、档案美学工作理念的机遇与挑战

理念影响着人们的行动和思维方式，档案美学工作的理念则影响着档案美学工作人员的生活方式和工作模式，因此在"互联网+"模式下档案工作首先要更新自己的理念。在传统的档案工作模式中，档案工作由于历史或者现实的原因，与各行各业的人员接触较少，档案人员只要具备基本的档案知识和简单档案管理能力和操作能力即可，但在"互联网+"时代，档案工作人员必须革新理念，而不再仅仅只是具备最基本的档案知识和档案管理能力，它不仅要求我们的档案美学工作人员必须具备相关的档案方面的专业知识，同时还要求档案美学工作人员不断学习计算机技术与网络技术等各方面的基础知识和基本技能，最关键的是档案美学工作人员还必须具备档案美学理论和档案美学实践能力。"互联网+"给档案美学工作带来了新的机遇和发展，使得我们的档案美学工作效率大幅提高，工作的准确性较之以前也有所提高。

二、档案美学方法的机遇与挑战

当前，部分档案美学工作人员对"互联网+"的思维与技术和方法的认识还不到位。虽然利用"互联网+"的思维与技术和方法开展档案美学工作已经获得大部分档案美学工作人员的认可，但我们也应该清楚地看到，我国档案美学工作计算机水平起步时间比较晚，再加上大部分档案美学工作人员的知识结构相对较单一，对"互联网+"的思维与技术和方法了解、接触少，习惯于用传统的档案思维与技术和方法。"互联网+"作为一项技术革命的创新，涵盖了大量的数据，所以促进了各行各业之间的信息交流，加深了社会经济各个环节之间的联系，加快了整个社会信息交流与处理的速度。这使得人们处理的数据总量增大、数据样本增多，对数据精确度的要求降低，更关注数据之间的联系，"互联网+"数据库的庞大体量要求档案美学工作人员改变传统档案工作方法。对于档案美学工作而言，传统的档案工作方式已经不能适应互联网时代的发展，档案美学资源数字化在应对大数据时代的挑战上具有突出优势，在档案美学工作中越来越受到重视。

三、档案美学服务水平的机遇与挑战

"互联网+"促进社会分工化水平走向精细化，有利于构建新型现代档案美学服务业体系，并推进档案美学服务水平的升级。在"互联网+"作用下，现代档案美学服务业体系变得逐渐完善，在为传统的企业所有者和利益相关者提供相关档案美学资源的同时，也为企业经营管理者提供全面、系统和相关的档案美学资源，促进其提高经营管理服务水平，同时提升档案美学工作服务水平。在"互联网+"时代，企业实行高效运作，同时也对档案美学服务的效率提出了更高的要求，档案美学工作方式也应与时俱进。在"互联网+"时代，现代档案美学工作服务理念也多为"结果导向型"，而非"过程导向型"，所以提高档案美学服务效率就成为目前迫切需要解决的问题。

四、档案美学工作法律法规的机遇与挑战

"互联网+"档案美学工作的法律法规工作的制定主要依靠两个方面：一方面是档案美学行业的法律法规制定，这要求政府方面建立档案监管部门与互联网监管部门跨部门的档案监管制度，尽快建立相关的档案美学工作的法律法规体系。另外一方面对互联网本身来说，应当加强互联网时代的行业自律性。对于损害投资者利益以及导致行业恶性竞争的市场主体形成行业自律机制，充分发挥档案行业协会、互联网行业协会的作用，自觉规范档案工作风险、接受社会监督。同时"互联网+"档案美学工作法律法规要求在现有的档案法律法规的基础上，加快对档案美学事项的补充立法，借鉴国际上开展的档案美学工作法律体系，使我国档案美学工作的法律法规与国际接轨，为档案美学工作提供坚实的法律基础，推进档案美学工作法律体系走向制度化、规范化道路。

五、档案美学队伍的机遇与挑战

"互联网+"对档案美学工作人员提出了更高更新的要求，因此对现有从事档案美学工作的人员，要加强学习，丰富档案美学工作的相关知识。首先，可以通过组织内部开展专门培训、学术研讨会、实践经验交流会等方式，切实提高档案美学工作人员的专业知识水平。其次，各级档案机关

在招录档案美学工作人员时要逐步增加招录一批计算机背景和美学背景的专业人才，弥补现有档案美学工作人员的不足。最后，建立专家储备制度，聘请外部专家。聘请专家具有更灵活、更快捷和低成本的特点，档案部门可以建立专家储备制度，建立与专业机构、专业部门的工作联系机制。聘请档案美学技术专家、律师等加入档案美学工作中来，利用他们的专业技术和知识优势，提高档案美学工作的效率、效果和权威性。

第五节 档案美学资源的开发与利用中 存在的问题及原因

当前，我们对档案美学资源的开发与利用取得了一定的成果，但档案美学资源的开发与利用工作中仍存在较大问题。本文分析了在档案美学资源的开发和利用工作中存在的种种问题及产生问题的原因，为进一步提高档案美学资源的开发和利用水平提供借鉴。

当前，档案美学资源的开发与利用中存在的问题及原因，笔者认为主要包括以下几个方面：

一、档案美学资源开发与利用中存在的问题及原因

（一）对档案美学资源的开发与利用仍停留在初级阶段

目前，我们对档案美学资源的开发与利用处于比较低级的水平，仍停留在被动的查借阅的层面上，或查阅原件、或复印、或提供证明，档案美学资源的开发和利用范围十分狭隘，即查档群众、单位因某些原因前来查

档，档案美学资源工作人员就会根据前来查档者提供的相关信息运用系统进行查询，并予以相关证明资料。缺乏主动地、积极地深层次的开发与利用，档案美学资源部门很少会对档案美学资源需求进行预测，很少会对档案美学资源实际利用情况进行深入分析，对档案美学资源的利用还处于传统的人工手动查阅的阶段，工作效率低下，档案美学资源价值不能实现最大化。

造成以上情况的原因主要有以下几个方面：①缺乏实现档案美学资源利用信息化、现代化的设备及技术。在某些经济发展落后的城市，由于资金缺乏、技术人员不足等客观原因，档案美学资源一直未能实现数字化，只能依靠最原始的人工查阅手段，这不仅不利于档案美学资源开发与利用工作的开展，还不利于对档案美学资源原件的保护。②档案美学资源部门缺少具有相关信息分析技术的专业人才。档案美学资源由于其特殊性，对档案美学资源工作人员的专业要求多局限于档案学及相近学科，人才结构单一化，因此不能全方位地开展档案美学资源信息的开发与利用工作，这对于档案美学工作的发展也十分不利，因此，档案美学资源部门应多方位地吸纳相关技术人才，为开展深层次的分析研究工作进行人才储备。技术与设备的落后在客观上使档案美学资源的开发与利用工作停滞在人工查档、原件保护等基础工作上，数字化、信息化、现代化成为纸上谈兵，这些原因造成档案美学资源的开发与利用工作效率低下，档案价值最大化难以实现。③领导对档案美学资源的开发与利用工作不够重视。任何一项工作的开展都离不开领导的大力支持，如果领导不能正确认识到档案美学资源开发与利用工作的重要价值和深远意义，那这项工作的进行将举步维艰。现在一些档案馆领导是从别的部门调来的，因为对档案美学资源这一历史原始凭证的价值认识不够深刻，所以对档案美学资源信息的开发与利用工作也不够重视。这就需要领导加强自身专业素养，不论是在管理上，还是在业务上都要发挥出巨大的领导作用。

（二）档案美学资源馆藏单一化，可开发与利用的档案美学资源范围相对狭小

档案馆的馆藏档案数量及质量决定着该档案馆可提供的档案利用的范围。我们知道档案的种类是丰富多样的，除了传统的纸质档案以外，还有声像档案、照片档案、光盘档案、缩微胶卷档案等新型载体档案。但目前我国档案馆的馆藏档案美学资源仍然还停留在收集传统的纸质档案美学资源的阶段，真正能直观、动态地反映档案美学资源变迁的声像档案和照片档案等其他新型载体档案美学资源尚未受到足够的重视，馆藏档案几乎都是纸质档案美学资源，这些纸质档案美学资源包括历史档案与现代档案。除了载体的单一化以外，馆藏单一化还表现在内容的单一化上，这里所说的内容是指档案美学资源内容，档案美学资源内容相对单调、不够丰富，因此，能够供开发与利用的范围也就受到了局限。此外，在电子化、信息化的时代背景下，馆藏单一化还表现在档案美学资源的信息化录入相对浅薄简单、不够深入详细等方面。

造成以上这些情况的原因主要有以下几个方面：①档案收集途径单一化。目前都是通过所在地的档案美学资源部门收集档案美学资源的，因此收集到的档案都是本部门在生产生活和学习工作中所形成的资料，收集途径的单一化进而导致了馆藏档案美学资源的单一化。②声像档案的利用率不高。当前，对档案美学资源的保管一般都是以需求为导向，利用需求大的，保管投入的人力、物力、财力就多，而利用需求小的，相对就不会投入那么多的人力、物力、财力，目前档案美学资源的利用者多是要求档案

馆出具纸质证明，几乎没有对声像档案美学资源的查询需求，因此，档案馆对声像档案美学资源的收集与保管就相对薄弱。③档案馆缺乏与档案美学资源相关部门的交流与合作。一些与档案美学资源息息相关的部门在生产生活和学习工作过程中形成的相关资料也是一笔不可多得的财富，但由于档案馆与这些部门之间缺少交流与合作，这些珍贵的档案资料往往无缘于档案美学资源馆。④对系统的开发使用不够深入。如上文所提到的关于档案美学资源的影像的扫描录入，其实只是一个系统的开发深度问题，对现有的系统进行升级完善，就可以免去查询利用者多头跑的麻烦。

（三）对档案美学资源的开发重历史档案，轻现代档案

在档案界，有这样一条原则——高龄原则，即年代越久远的档案其保存价值越高，这一原则主要适用于历史档案。同样在档案美学资源方面，这一原则仍然适用，因此大多数档案馆对馆藏档案美学资源进行开发时多侧重于对历史档案美学资源的开发，而相对忽视了对现代档案美学资源的开发。历史档案美学资源和现代档案美学资源两者都是珍贵素材，在现实档案美学工作中我们都比较注重历史档案美学资源的重视，但对现代档案美学资源的开发就稍显欠缺，尤其是缺乏对档案美学资源利用情况的分析以及对未来相关信息的预测，如通过相关数据对档案美学资源的未来发展进行预测或者为档案美学资源提供有价值的数据。

造成这一问题的原因只要有以下两个方面：①定性的思维。人的潜意识里有这样一种认识：历史档案美学资源比现代档案美学资源更珍贵、更有价值。其实，这话也不假，但如果一味地重历史档案美学资源，轻现代档案美学资源，也不利于馆藏档案美学资源价值的最大化实现，毕竟现代档案美学资源才是目前馆藏档案美学资源的主角，是真实记录现代各项工

作开展的重要资料，对现代经济、社会的发展有着不可替代的作用。②对馆藏档案美学资源的开发与利用缺乏科学的规划。档案馆作为一个文化职能部门，应尽可能地发挥好其传承文化的职责，其中就应包括对馆藏档案美学资源的开发与利用进行科学合理的规划。目前，多数档案馆在对档案美学资源工作进行规划时多集中于档案美学资源的归集、保管及利用，极少会做关于档案美学资源开发方面的规划。因此在档案美学资源的开发上往往会出现有失偏颇、顾此失彼等现象。想要全面、协调地做好馆藏档案美学资源的开发工作需要具备长远的眼光与发展的眼光，这就对档案部门领导及工作者提出了比较高的素质要求。

（四）重档案美学资源原件利用，轻档案美学资源开发

当前，在档案美学资源开发方面略有建树，但目前档案美学资源对外服务工作的重点仍然是档案美学资源原件的查询利用。对馆藏档案美学资源的开发力度与深度还远远不够。究其原因，主要有以下几个方面：①资金紧张。档案美学资源的开发需要更多的人力、物力、财力的投入，档案馆作为一个文化职能部门，缺少自身的经济收入，所有经济来源全部由上级主管部门财政拨款。而档案馆在上级主管部门及领导眼中，一般都是处于边缘化的地位，因此在财政拨款方面不会有政策倾斜，这也就在一定程度上束缚了档案资源的开发。②缺少档案资源开发相关方面的法律规定。档案美学资源部门应当根据档案美学资源管理工作的需要，建立档案美学资源管理机构，配备专职档案美学资源管理人员，健全工作制度，配备必要的安全保护设施，确保档案美学资源的完整、准确、安全和有效利用，但目前法律制度条文除了对档案美学资源的完整、准确、安全和有效利用有所规定外，没有一条涉及档案美学资源的开发，法律规定方面的缺失也

是导致档案美学资源重视原件利用，轻档案美学资源开发的一个重要原因。③缺少档案美学资源开发方面的专业技术人才。由于档案美学资源开发相较于档案美学资源原件利用技术难度更大，档案美学工作人员除了要具备档案知识和美学知识外，还需具备相关的历史、政治及经济知识，这样的人才在现如今大学教育专业越分越细的环境下相当稀有。

（五）馆际间档案美学资源不能共享

档案美学资源具有区域垄断性的特点，因此档案美学资源的开发与利用也不可避免地具有一定的封闭性。目前，我国的档案美学资源尚未实现全国联网。

造成这一情况的原因主要有以下几个方面：①缺乏统一的技术标准。目前各地区档案美学资源管理部门分别投入巨资建立了一个个独立的管理系统，由于缺乏相关的统一规定，各系统使用的软件五花八门，难以实现各自数据库之间的关联，这为尽快实现馆际联网建了一堵无形的墙。②缺乏统一的业务标准。在某些经济、技术发达的特大型城市已经开发使用了档案美学资源系统，某些经济、技术相对落后的小型城市，目前只开发使用了档案美学资源登记系统。这些业务标准的参差不齐也为建立一个统一的住房信息系统，实现馆际互联、信息资源共享带来极大的困难。

（六）在档案美学资源利用过程中对产权人的隐私保护不足

当前不规范的档案美学资源查询制度和部分工作人员的违规操作，造成了档案美学资源的隐私泄密，并可能对档案美学资源造成一定损害。之所以出现这种情况，是因为缺乏档案美学资源查询方面的详细的制度规定。当前的制度主要是指导性地对档案美学资源的查询作了大概的规定，并没有针对不同的情况给出相应的详细的规定。不规范的档案美学资源查询，经常会为档案美学资源行政管理部门带来一些法律纠纷。

造成这一情况的原因主要有以下几个方面：①保密意识缺失。档案美学资源工作人员对档案美学资源的保密意识不够强，不能坚守工作原则，对档案美学资源查询者的身份及要件审核相对随意，不够严格。②宣传工作不到位。档案美学资源馆关于查询利用档案美学资源的制度及规定都是内部自行制定的，很多时候，前来档案馆的档案美学资源利用者对这些制度规定并不了解，这种信息不对称的情况也为档案美学资源利用者造成了很大的麻烦。

二、档案美学资开发与利用的对策

（一）提高档案工作人员素质，加强队伍建设

高素质的档案美学资源技术人才是档案美学资源能够获得深层次开发与利用的至关重要的因素，这需要通过以下两个方面加以改善：一方面档案美学资源工作者要有服务者的意识，转变以往的管理者高高在上的姿态；另一方面要培训具有档案专业知识、美学知识以及网络信息技术的复合型人才。因为档案美学资源不同于其他一般档案，它是一项专业性很强的档案，涉及了多种学科的知识和技术，所以档案美学资源工作者不光要具备档案专业知识和历史传承者的精神，还应系统全面地掌握美学知识的特点和规律，以及一系列法律法规和政策。此外，在网络化、信息化的时代中，档案美学资源工作者还应具备一定的网络技术与电子信息技术，这样才能根据档案美学资源利用者不同利用的需求，运用不同的途径和方式进行检索，迅速而准确地为利用者提供所需信息，进而促进房地产权属档案利用工作的发展。才能前瞻性地预测到社会、经济的需要，采取相应的措施对

相应的信息进行统计、分析，从而为社会与经济的发展提供有价值的数据信息。为此，应从以下几个方面加强：①要对在职档案美学资源工作人员经常性地开展业务培训，及时学习掌握最新的知识，提高服务水平，适应档案美学资源利用工作的需要。②要引进美学专业技术人才和电子信息技术人才，改变目前档案美学资源工作人员知识结构单一化、不能适应新形势下档案美学资源开发与利用工作的状况。③发挥自身资源和优势，培养后备人才，形成专业人才梯队，为档案美学资源的开发与利用事业注入新鲜血液。

（二）丰富馆藏，拓宽档案信息可开发与利用的范围

要想拓宽档案美学资源可开发与利用的范围，最大程度地满足社会各界对档案美学资源的需求，就必须大力丰富馆藏，门类全、内容全、信息全的档案美学资源是做好档案美学资源开发与利用工作的物质基础和可靠保证。为此，需要从以下几个方面入手：①认真做好档案美学资源的收集工作。对在档案美学资源活动中形成的档案美学资源及时归档上架，增加馆藏量，提高馆藏档案美学资源质量。②丰富馆藏档案美学资源内容。笔者认为在保管档案管理部门日常工作基础上形成的档案美学资源，还可以将相关部门产生的与档案美学资源相关的资料征集进馆。③实现馆藏档案美学资源载体多样化。目前档案美学资源多是纸质载体，不能鲜活地反映历史变迁，应相应地增加一些声像档案与照片档案。要派专人负责并下大力气收集、整理、记载，以防时过境迁，给后人留下遗憾。④加深档案美学资源的电子信息化程度。即在档案美学资源电子化的基础上，加大档案美学资源信息的输入力度，随着档案美学资源信息的变更及时完善机读目录，建立健全功能强大、信息齐全的档案美学资源信息数据库。

（三）对历史档案美学资源与现代档案美学资源并重开发

为了实现档案美学资源价值最大化，历史档案美学资源与现代档案美学资源并重开发与利用势在必行。为了更好地开发与利用历史档案美学资源与现代档案美学资源，我们可以从以下几个方面入手：①正确区分历史档案美学资源与现代档案美学资源。只有正确区分历史档案美学资源与现代档案美学资源，才能更好地做好对档案美学资源的开发与利用。②加强对历史档案美学资源和现代档案美学资源的收集力度。历史档案美学资源是历史变迁，是当时的社会、经济、法律及相关制度发展的缩影，而现代档案美学资源则是社会文化、城市动态及经济发展状况真实直观的反映，所以应加大对历史档案美学资源与现代档案美学资源的收集整理力度，为档案美学资源的开发与利用提供更宽广的范围。③加强对历史档案美学资源的开发与利用。历史档案美学资源真实地记录了当时社会的变动和流向，反映了各个历史时期关系、地价、契税征收、商业活动等社会生活中的一些情况，有助于我们了解整个社会的人文居住环境、城市建筑形态和城市商业形态，对研究旧时的社会历史文化发展有重要的参考价值。④加强对现代档案美学资源的开发与利用。基于现实，档案美学资源更多的是现代档案美学资源，因此要进一步利用有限馆藏进行档案美学资源的开发与利用，实现现代档案美学资源价值最大化。

（四）档案原件利用与档案资源开发并重

长期以来，对档案美学资源在人力、物力、财力、时间的分配上基本是偏重于收集、整理、保管，局限于你用我查，注重档案美学资源原件的利用工作。这种僵化落后的思想，严重影响着档案美学资源开发工作的发展。近年来，很多人也开始注重起了馆藏档案美学资源的编研工作，并举办一些档案美学资源展览，但仍停留在浅层次的、老套的阶段，还处于一种被动应付的状态，很难受到利用者的欢迎，更谈不上受到社会各界的欢迎。社会经济的持续发展对档案美学资源开发工作提出了更高的要求，针对这一情况，美学资源档案馆应从以下几个方面加以改善：①加强档案美学资源的开发力度。目前无论在机构的设置、人员的配备还是职能的安排上都存在着一些问题，不能满足这一时期的档案美学资源的开发工作。只有加强开发力度，增加相关方面的人力、物力、财力的投入，为档案美学资源的开发创造良好的外部条件，才能保证档案美学资源开发的正常开展，不断提高档案美学资源的开发的水平。②提高档案美学资源的开发质量。要求开发人员必须坚持实用性的原则，并将这一原则贯穿开发工作的整个过程。坚持"以需求为导向，以利用促发展"的原则，针对不同的时期，不同热点和重点的需求，立足库存，对档案美学资源进行筛选、过滤，将原始、分散、有价值的档案美学资源进行系统综合、分析和加工，开发出社会需要的系统化、深层次、高质量、可供利用的档案美学资源，为拓宽和增强档案美学资源的社会服务功能提供有力的保障。③加强编研。加大力度将具有学术价值的档案美学资源汇编成册，为以后的档案美学资源利用者提供借鉴。

（五）实现馆际互联，信息共享

长期以来，由于现行以行政管理为纽带的条块分割的管理局面以及缺乏全国范围内相对统一、规范的房地产信息化标准，各地已开发使用的档案美学资源数字化资源很难整合起来，实现全国联网。因此当下必须改革现有的行政体制，加大机构整合力度，形成结构简单、责任分明、命令统一的直线型管理体制，并积极推进档案美学资源标准化、统一化、规范化建设，各地整合现有的档案美学资源管理系统等，建立统一的档案美学资源平台和档案美学资源登记模式。建立一个统一的综合利用平台，一方面既可以方便档案美学资源的利用者，确保数据的真实准确性；另一方面也便于政府直接采集数据，用于决策分析。当档案美学资源数据信息系统真正实现全国范围内的联网时，届时查阅者不论身在何处，只要登录互联网专线，通过设定的密码或权限，即可随时查询到所需要的档案美学资源，真正体会到数字化的方便、准确、全面及数字档案美学资源的理念。

此外，档案美学资源系统还可以通过数据中心、共享平台及网络服务建设，使档案美学资源规划的宏观信息、基础信息与档案美学资源相关的信息建立起直接关联，共享数据系统，实现信息的共享。

（六）加强档案美学资源利用过程中的隐私保护

为了加强对档案美学资源的开发与利用过程中的隐私保护，可以从以下几个方面入手：首先是制度层面。各级档案美学资源部门应根据本部门的实际情况，制定专门的档案美学资源查询制度与保密制度等。其次是管理层面。档案美学资源工作人员职责要分明，与档案美学资源无关的人员不可不经相关领导签字就调阅档案美学资源。再次是执行者层面。严格执行档案美学资源利用者的资格审查程序，认真核对身份证件是否一致，并当场鉴定档案美学资源的真实性。从次是执法层面。执法机关前来查阅档案美学资源，要坚持验收执法人员有效证件与执法机关查阅档案美学资源介绍信，并收取存档备查。最后是何人何时因何原因查询何档案的查阅过程应详细记录在案，并根据档案美学资源查阅者的不同需要提供相应的档案美学资源材料，不能以部分需要提供全部档案美学资源材料。

第六节 新媒体环境对档案美学资源
管理的影响分析

　　档案美学管理是档案管理工作中的重要内容，而在新媒体环境影响下，档案美学管理工作方式也发生了巨大转变，相应的也给档案美学管理人员带来了诸多压力和挑战。鉴于此，本章节主要基于新媒体时代这一大环境，就"新媒体环境对档案美学管理的影响"主题内容展开分析。

　　档案美学资源类型整体而言是比较多样的，主要包括社会发展和生产劳动中形成的具有审美价值的美学档案资源，由于这些都是社会发展和生产劳动中十分重要的美学资源，因此，档案美学管理工作一直以来也都得到了档案管理工作的高度重视。尤其是随着科学技术的飞速发展，以往的档案管理模式早已无法满足现代化的管理需求了，而这也就意味着档案美学管理工作模式将发生巨大的变化，同时也面临着更多新的发展机遇。

一、新媒体的基本概述

　　新媒体其实是一个十分宽泛的概念，主要就是利用数字技术、网络技术，然后再通过互联网、宽带局域网、无线通信网，以及电脑、手机、数字电视机等终端，向用户提供信息和娱乐服务的一种传播形态。其主要的类型有：手机媒体、移动电视、博客、播客，严格意义上讲，新媒体应该称为数字化新媒体。

二、档案美学资源的基本概念

档案美学资源，即指社会活动的直接产物，比如生产、生活、历史、科研等方面的内容。档案美学资源以各种文字、图表、声像等不同形式进行保存，并由此成为一种历史记录。因为这是社会立法发展和生产活动的真实记录，同时也是其今后进行服务社会发展和经济发展的重要平台和依据，所以加强档案美学管理工作显得尤为重要。

三、新媒体环境对档案美学资源管理的影响

（一）加大对档案美学资源管理的资金投入力度

档案美学管理工作开展深受新媒体环境的影响，加大部分技术管理资金的投入力度则显得尤为必要。也只有这样，才能确保档案美学资源管理工作更加有序地开展。加大对现代化设备的购置资金投入，比如利用计算机进行检索则更加便捷，通过微缩技术、扫描技术等则能对档案美学资源进行有效的保护。只有利用现代化高科技手段，才能有效提高档案美学资源管理的工作效率，从而有效克服以往档案美学工作的人工操作的落后性。为此，添置现代化的设备显得尤为必要，同时也将使得整个档案美学资源管理工作走向更加现代化的管理模式。总而言之，在对档案美学资源管理工作开展进行资金配置的时候，一定要充分考虑到档案美学资源管理的重要性，只有这样，才能确保档案美学资源管理工作开展的有序性和科学性。

（二）档案美学资源管理人员的素质必须要得到提高

随着新媒体技术对档案美学资源管理工作开展的影响力增强，从事档案美学资源管理工作的人员也意识到了专业素质和能力提升的重要性。以

山东济南某高校为例，校领导为了确保档案美学资源管理工作顺利开展，还对档案美学资源管理人员提出了以下三大要求：一是，要具备专业的信息化档案相关管理经验。而这也就意味着他们不仅要深入钻研专业知识，还要在工作实践中掌握各种信息化的管理技能和技巧，比如如何通过微信公众平台发布相关的档案管理信息、如何借用计算机快速找寻学生的个人档案等。二是，要具备较高的政治素养。由于档案美学资源管理室所保存的档案美学资源都是重要的内部资源，如果档案美学资源管理人员没有坚定的意志和较高的政治素养，就可能导致信息外漏情况的出现。比如有的档案美学资源管理人员由于受到金钱的诱惑，故意在发布档案美学资源信息、数据等内容的时候，不对自己管理的公众号或者是微博等账号密码进行隐私设置，从而让一些违法分子有了可乘之机，并严重损害师生利益以及高校利益。因此，高校在招聘相关档案美学资源管理人员的时候，除了对他们的基本能力进行考察以外，还要考察他们的政治素养。三是，要具备专业的美学理论知识和素养。从美学的角度对待档案美学资源，把档案美学资源看成一项具有审美价值的活动，以使档案美学资源的价值最大化。

（三）档案美学资源管理工作重要性宣传形式更加信息化

其实，很多人对于档案美学资源管理这一机构的认识都不够深入，尤其是一些工作人员，在实际工作中也依旧采用传统的档案管理宣传方式。但是，在新媒体环境的影响下，越来越多的社会大众开始对档案美学资源管理机构有了更多新的认识。以北京外国语学院为例，其宣传方式就很值得借鉴，首先效仿新浪微博、网易微博等流量比较大的平台，也相应地开通校内微博平台，由于这种宣传形式比较新颖，因此也更容易吸引大家的注意力，而档案机构则一定要充分发挥其优点，并开展更多形式的宣传活动，常见的就是通过这一平台将最具特色的藏品、定期开展的有特色的展览活动等内容都发布出来。

很多人都认为档案美学资源管理室主要就是收集资料的，而为了打破大家对于档案美学资源管理内容的固有认识，相关人员还可以利用微博、微信等平台发布一些"应时应景"的宣传信息。比如可以利用微博和微信平台发布一些与国家大事相关的图片资料，或者是音像资料等。其实，这样的宣传方式也展现出了新媒体环境下，档案美学资源管理人员工作内容和形式的多样化，从而也将深化高校档案机构在师生心中的地位。

（四）档案美学资源管理中的资料搜集与保管面临巨大挑战

新媒体环境下的档案美学资源管理也呈现出了比较崭新的特点，主要体现为三点：一是，更新速度快。按照以往的档案管理模式，档案美学的资源更新周期通常较慢，大多是以半年或者一年为一周期，但是在新媒体环境影响下所产生的这些材料，更新速度不仅变快了，其时间周期也缩短为一天甚至几个小时。二是，档案美学资源更容易更改或者删除。众所周知，传统的纸质档案美学资源大多产生于社会机关。党政部门、企事业单位等部门，一旦形成之后就难以更改和销毁，可是新媒体环境下，各单位对于自己的档案美学资源则可以随意增删，从而使得很多内容都不具有客观性。例如，上海一高校学生在大学期间，总是会出现旷课、逃课等问题，本来这些信息都会记录到其档案资料上的，但由于高校档案管理模式的转变，以至于这名学生毕业找工作的时候，私下对自己的档案资料进行了删改。三是，新媒体产生的材料数量大。由于很多的档案美学资源信息内容都参差不齐，所以，哪些材料可以纳入归档范围还需要加以严格的甄别。可是新媒体环境下的档案美学资源管理周期短，且易更改，以至于档案美学资源管理人员在进行档案美学资源搜集的时候必须要及时，这无疑也就加大了档案美学工作者的工作量。由此也可见，档案美学资源管理中的资料搜集与保管其实也面临着巨大挑战。

虽然档案美学资源只是相关资料的某一个方面的资源，但是只要对这些资料加以合理运用，就能展现其存在的价值和意义。因此，在新媒体环境影响下，积极改变档案美学资源管理的传统模式也就显得尤为必要。

第七节 现代信息技术在档案美学中的作用

随着信息化浪潮的推进，现代信息技术已经广泛地渗透到各行各业中，对于档案美学这样一个充满生机的视觉行业来说，充分运用现代信息技术在档案工作中已经成为共识，档案美学工作也是如此。简单、传统、落后的档案工作旧模式早已满足不了档案美学利用者的需求，在档案美学工作中，只有合理地运用现代信息技术，才能够为档案美学工作注入新的生命与活力，才能为观众提供一场丰富的展览盛宴。

一、现代信息技术概念

现代信息技术是通过借助以微电子学为基础的计算机技术和电信技术而形成的手段，对声音的、图像的、文字的、数字的和各种传感信号的信息进行获取、加工、处理、储存、传播和使用的能动技术。它是一个内容十分广泛的技术群，包括微电子技术、光电子技术、通信技术、网络技术、感测技术、控制技术、显示技术等。本文涉及的现代信息技术主要包括云共享技术、多媒体技术、虚拟现实技术、3D 打印技术等方面。

二、现代信息技术在档案美学工作中的应用现状及不足之处

作为档案工作中的一员，档案美学工作因其开展时间短、经验不足、资金比较紧张等各方面的原因，致使现代信息技术在档案美学工作中的应用程度参差不齐。有些经济比较发达的地方广泛地应用了现代信息技术，如北京、上海、广州等地方，很好地利用了档案美学资源的感染力和吸引力；有些经济欠发达的地方只是微微地运用了现代信息技术，致使档案美学资源科技含量不高，如档案美学资源的收集整理方式和手段不够灵活、档案美学资源的存放地不够大气、环境舒适度不够等；经济贫穷落后的地方甚至仅仅停留在简单的档案美学资源罗列的水平上。

档案美学资源最重要的空间就是展览空间，一份精品档案美学资源，不仅仅是在内容上出色，在其空间设计上也应该与内容相呼应，通过文字、实物、图片等基本元素，借助声、光、电、色彩、多媒体技术、虚拟现实技术等高科技手段，多角度地展示社会的发展历程，才能达到提高档案美学资源的吸引力和感染力的目的。

三、现代信息技术在档案美学中的作用

（一）档案美学工作中的照明系统设计

在档案美学资源的保存中，光的作用至关重要，它不仅能起到满足档案美学利用者参观对档案美学资源照明度的要求，而且还能起到烘托展览氛围、深化档案美学资源效果的特殊功能。随着高新技术的发展，后者的功能在档案美学工作中尤为重要。

在目前的档案美学资源展览中，照明设计一般分为以下两种：自然照明和人工照明。所谓自然照明，就是利用自然光为档案美学资源服务，这种方式基本上是用来作为档案美学资源中辅助照明的一种手段。自然光中含有一定量的紫外线，对档案美学资源具有一定的损害，另外自然光要受到季节、时间、方位、天气等各方面的影响，存在着一定的不稳定性，因此建议在档案美学资源存放中少用自然光。而在档案美学资源的公共休闲区域选择用自然光却不失为一种好办法，一是可以节约能源，二是这种生态的自然光可以为观众带来舒适、自然的享受，这就需要设计人员能够选好角度采取自然光。

在档案美学资源保管过程中，由于人工照明不受季节、天气、位置等各方面的影响，具有一定的稳定性，成为档案美学资源里主要的照明方式。人工照明具有塑造形象、衬托环境、渲染气氛、丰富色彩的作用，而且可操作性极强，如可根据档案美学资源的需要通过计算机控制来调节灯光的强度、颜色和方向、区域的分布等，可以更好地与档案美学资源内容紧密地结合，融为一体，使灯光变幻无穷，达到强化展览主题、突出档案美学资源特点的效果。

（二）档案美学工作中对色彩的运用

作为靠自身魅力吸引美学档案利用者的档案美学资源，视觉设计对档案美学资源利用者的冲击力是巨大的，色彩在档案美学资源空间设计中起着特殊的作用，它可以左右档案美学利用者的视线。档案美学资源色彩包括档案美学资源色彩（主体色）与环境色彩（衬托色），两者相互联系、相互依托。合理选择色彩是一门技术，在设计中占有很重要的位置。

首先要与档案美学资源主题相适应，无论是大型档案美学资源、中型档案美学资源还是小型档案美学资源，都有着一个突出的主题，运用什么样的色彩与档案美学资源主题是直接相关的，档案美学资源设计中的色彩总是围绕展览主题而存在的。档案美学资源主题主要是通过大量标准色彩的运用，来传达其主题特征，烘托其档案美学资源主题的固有特色，进而达到其档案美学资源主题的宣传目的。如重大档案美学资源与科技成果展所选用的色彩就不一样。

档案美学资源色彩的选择要考虑到色彩的温度，也就是所谓的冷色系、暖色系和中色系。如暖色系的黄色、红色，冷色系的灰色、黑色等，不一样的色系给观众的感觉是不一样的，如红色代表着激情与喜庆、绿色代表着宁静。

另外，在选择色彩时要考虑到不同色彩之间对比产生的效果，不同面积比例色彩的运用产生的效果，以及在灯光的综合作用下色彩所呈现的效果。如中国矿业大学校史馆在档案美学资源设计时就合理有效地运用了色彩，如第一展厅主要运用深灰色、黑白照片，表现中华人民共和国成立前矿大沧桑的历史；在第二展厅的天津时期和北京时期，采用浅灰色、绿色墙裙，表现中华人民共和国成立初期矿大的生机和活力；四川矿业学院时期则采用土黄色、老照片的方式，表现当时的岁月，具有很强的时代感；在第三展厅，采用彩色调、彩色照片表现矿大沐浴改革春风后欣欣向荣、走向中兴的主题；第四展厅采用暖色调、中黄色和亮光线，突出表现矿大取得的辉煌成就和灿烂的未来。

（三）多媒体技术在档案美学工作中的运用

传统的档案美学资源处于一种静态的模式，给人一种单调的感觉，而多媒体技术在校史展览中的应用改变了这一传统模式，使档案美学资源有了动态美。多媒体是由单媒体（媒介）组合而成的新的媒介形式，如由文字、图形、影像、动画等通过计算机的数据处理而形成的一种新的信息载体。多媒体强调的是多种信息的载体，这些信息载体的组合形成了信息的多种表现形式和传递方式。人机交互性是多媒体最大的特点，档案美学资源中应用的多媒体技术主要有音频技术、触摸屏技术、视频技术、影像技术等，需要指出的是，技术作为手段是为展示设计服务的，每种新技术的应用都是为了使主题更为凸显、理念更为丰富，让档案美学利用者有更好的体验。

1.声音媒体的应用

声音媒体作为重要的信息传递手段，在档案美学工作中能起到提高档案美学资源感染力的作用，能弥补单纯的文字、实物带给观众的单调感，使档案美学资源利用者有身临其境的感觉，因此在档案美学工作中被广泛运用。在档案美学工作中应用的声音媒体主要分为两种：一种是针对档案美学资源而设置的语音讲解，可以帮助档案美学资源的利用者更好地利用档案美学资源；另一种是背景音乐，根据档案美学资源内容设置相应的背景音乐，能给档案美学资源利用者以舒适、轻松的感觉。

2.影像动态媒体的应用

很多地方的档案美学资源保存地采用了大量的多媒体影片的展示形式，如四川大学校史馆内的至公厅，这是一个专门的多媒体厅，里面播放着四川大学110周年校庆时凤凰卫视为其专门制作的历史专题片，这种动态的影像大大丰富了影视效果，立体地把川大110年的发展历程展示了出来，令观众印象深刻，同时也有效地节约了实地空间。中国矿业大学校史馆的展厅内也设置了多媒体视频来展示该校不同时期的辉煌成就。

3.互动式媒体的应用

多媒体触摸屏提供的灵活方式能够帮助档案美学资源的利用者自由操作，成为档案美学资源馆颇受欢迎的展示媒介。观众可以根据自己的需要了解自己感兴趣的展览内容，自由选择照片和文字信息，可以更好地有效利用档案美学资源。如中国矿业大学校史馆序厅内就营造了矿大迁移路线多媒体感应地图，这幅地图上相应记录了矿大 14 次搬迁、12 次易名的发展历史，观众只需要轻轻触摸地图上学校不同时期的名字和校址，就可以清晰地观看学校此时期搬迁的动态过程，一饱眼福。随着对"寓教于乐"档案美学领域研究的深入，触摸屏互动游戏将会在档案美学工作中越来越受欢迎。

4.计算机程序控制系统

档案美学工作中声光电的综合运用并非我们简单理解的有声音、有光影、有用电装置，而是在此基础上综合设计者的想象力，创造档案美学资源需要的特殊效果，并使这些效果能带动档案美学资源利用者的感官体验。计算机程序控制系统能够很好地把握声、光、电等各种表现要素的有机结合，能精确地按照档案美学资源设计的要求，事先设定相应的控制程序，按照展示的要求和参观景点的先后顺序，达到控制相应的声音、照相及视频播放，声音的强弱变化，照明的渐变等效果。另外，此技术还可以通过一定的感应元件，来判断档案美学资源的利用者的人数甚至其心理状态，并以此来控制照明强度和音乐节奏。

（四）虚拟现实技术的应用

虚拟现实技术是近年来出现的高新技术。虚拟现实（VR-virtual reality），也称虚拟实境或灵境，是一种可以创建和体验虚拟世界的计算机系统，它是计算机图形学、图像处理与模式识别、智能技术、传感技术、语音处理与音响技术、网络技术等多门科学的综合体。它用计算机生成的逼真的三维视、听、嗅觉等感觉，使人作为参与者通过适当装置，自然地对虚拟世界进行体验和交互作用。由于此类技术是近年来才出现的高新技术，在档案美学工作中的应用并不广泛，个别高校在档案工作中运用了此技术，如中国矿业大学校史馆，在有的展厅里运用了场景复原技术，真实还原了矿大历史段中的某个场景，在有的展厅内以互动电子沙盘的形式来展示该校南湖新校区的规划布局和建设成就。虚拟现实技术已被广泛地运用到很多地方的城市规划展览馆中，如杭州城市规划展览馆中360度环幕影院弧幕影厅、使人们有身临其境的感受4D动感影院，通过三维动画实景仿真投影系统，结合互动模型船及风雨雷电装置展现立体效果，实现西湖泛舟、西溪漫步、钱江弄潮虚拟漫游。档案美学工作中的三维虚拟是指对档案美学资源内容在计算机中建立模型，然后虚拟现实，让档案美学工作中在这个虚拟的现实中完成档案美学资源的收集整理过程，档案美学资源工作中可以利用图片、声音、视频等形式进行定位、传授知识经验等操作，档案美学资源的利用者还可以利用接受过程中遇到的困难和档案美学资源工作者进行互动。虚拟现实技术应用到档案美学工作中来，一定会大大提高档案美学工作的效率，同时，能吸引更多的档案美学资源的利用者广泛参与到档案美学的工作中来。相信在不久的将来，档案美学工作也会像城市规划展览馆一样广泛地应用虚拟现实技术。

（五）云共享技术在档案美学工作中的作用

云技术是近几年出现频率比较高、运用得比较普遍的信息技术，云共享技术是我们在网络中接触得最多的技术，我们使用的迅雷软件的离线下载、百度云盘、收集中的天翼云盘等都是这个信息技术的运用。云共享技术在高速网络下载的环境下可以将电子设备接入其分布在全国的服务器上，根据接入者所在区域的不同，计算机只能为区域内下载速度最快的服务器，同时大家的电子数据可以做到有效地共享，解决不同地域间的信息鸿沟问题。

在档案美学工作中云共享技术的作用至关重要。档案美学工作可以将其数字化或者信息化的档案美学资源在一个统一的平台上共建共享，通过计算机对这些档案美学资源进行分析，找出不同国家、不同地区所存储的档案美学资源的联系和区别，从而有效地整合这些档案美学资源，做到协同操作。

云共享技术正是实现这一想法的最好途径之一，将各地区所拥有的档案美学资源进行数字化和信息化上传到云共享平台，实现各地区的档案美学资源的互补，并通过获取和分析各地区之间的档案美学资源的联系，挖掘出之前没有发现的隐含信息和潜在信息，有助于提高档案美学资源的利用效率，有利于提高档案美学工作的服务水平。

（六）3D 打印技术的运用

3D 打印技术是当前全世界范围内最炙手可热的新型技术之一，它是一种以数字模型文件为基础，运用粉末状金属或塑料等可以黏合的材料，通过逐层打印的方式来构建物体的技术。它无须机械加工或任何磨具，就能直接从计算机图形数据中生成任何形状的零件，即使模型表面有文字或图片也能够清晰打印，它还可以制造出传统生成技术无法制造出的外形。3D 打印技术利用到档案美学工作中就意味着对档案美学工作中所需要的档案美学资源进行计算机建模以后，直接利用 3D 打印技术打印出和原始的教学资源一模一样的副本，提供了更为方便的模式，尤其对那些具有很高历史价值和收藏价值的档案美学资源来说意义重大，可以让档案美学资源利用者感受到其价值，有效地解决了有些档案美学资源在进行数字化和信息化后不可复制的难题，有利于我们进一步开展档案美学工作。

现代信息技术的发展，促进了档案美学工作的发展，进一步提高了档案美学工作的质量和效率。计算机、多媒体以及网络技术在档案美学工作中的广泛应用，为档案美学工作提供了前所未有的发展机遇。信息技术在档案美学工作中的应用有着广阔的前景，是一个必然的趋势。我们要结合自身情况，不断加强科学研究，将信息技术更好地应用到档案美学工作中，不断完善新的工作模式，深化档案美学工作改革，这样才能培养出更高层级的档案美学工作人才。

第八节 档案美学服务大众化研究

档案美学服务大众是档案美学工作的根本要求，做好档案美学的社会服务工作已经成为一种客观社会需求，档案美学资源存在的意义和基础在于档案美学资源必将服务于社会，档案美学服务社会化已成为实现档案美学资源价值的方式与手段。

一、我国档案美学服务的历史发展

档案美学服务的发展是阶段性和继承性的统一，档案美学资源的产生最初源自国家管理社会的需要，在早期的阶级社会中，组织农业生产是国家的首要基本职能，与此相联系的天文、历象、水利工程等成了早期的档案美学资源。从奴隶社会到封建社会，统治者掌握档案美学资源并将其作为统治国家的工具，形成了"档案美学资源主要服务于统治者"的服务形态。档案美学资源服务"半社会化"形态阶段始于鸦片战争之后，中国进入半殖民半封建社会，出现了政府向社会开放档案的现象和趋势。尽管当时的档案美学服务状态多属被动，但与古代社会相比，近代社会的档案美学服务实际上开启了向民众开放档案美学资源的新纪元。

中华人民共和国成立后，档案服务进入"准社会化"形态阶段。档案服务"社会化"形态萌芽于20世纪末。随着社会主义市场经济的完善与发展，市场机制逐渐被引入档案美学服务领域，档案美学服务社会化趋势逐步彰显，各级档案馆通过改善馆藏结构、拓展服务范围与方式以及淡化官方色彩，开始拉近与社会公众的距离，实行有限开放，为实现"自由发挥"提供了空间。

二、档案美学服务社会化的内在逻辑

我们可以从实践逻辑和理论逻辑来论述档案美学服务社会化，档案美学服务社会化的实践逻辑主要来自四个方面：一是，档案美学服务社会化是实现档案工作根本宗旨的必然要求。二是，档案美学服务社会化是档案管理体制改革的重要探索。三是，档案美学服务社会化是拓展档案美学事业发展的必然趋势。四是，档案美学服务社会化是提高档案美学职业认同度的有效途径。

档案美学服务社会化除了现实的需要，在理论上也有着其逻辑联系，顺应了档案美学管理的理论创新与发展要求。档案美学服务社会化的理论逻辑主要包括四个方面：一是，档案美学服务社会化符合现代档案美学管理"社会视角"的理念。二是，档案美学服务社会化是对公民享有档案美学利用服务权利的保障。三是，档案美学服务社会化是对档案文化社会性的本性回归。四是，档案美学服务社会化体现了市场竞争机制的必然趋势。

三、档案美学服务的大众化的含义

档案美学服务大众化概念的提出源于档案美学资源的本质属性，档案美学资源作为社会记忆，是社会生活的最原始记录，档案美学资源的价值源泉在于其服务社会性。

（一）档案美学服务大众化的普遍性

档案美学服务大众化认为档案美学资源的需求具有普遍性，全体社会成员都可以作为档案美学服务的对象。

（二）档案美学服务大众化的基础性

大众化服务基础性理念则强调档案美学资源的生存问题，档案美学获得了大众的认可，能为社会生活提供不可替代的作用，就获得了生存的可能。

（三）档案服务大众化的普及性

档案服务大众化的普及性则强调档案服务大众化的基本手段在于普及档案美学知识、提升档案美学意识，使公众能够认识到档案美学资源的价值，从而转化为利用档案美学资源的行为。

四、档案美学服务大众化的措施

（一）建构档案美学服务大众意识

尽管档案美学部门一直在致力于档案美学服务于大众的培育，但是我们不得不遗憾地正视社会档案美学服务意识整体水平不高的现实。加大宣传仍然是培育档案美学服务大众意识的主要手段，但是宣传的形式和手段却需要发生变化。首先是宣传利用档案美学服务民生的典型事例，通过宣传让人们知道档案美学资源在维护公民合法权益、促进经济建设、丰富文化生活中的重要作用，从而让更多的人了解档案美学资源、利用档案美学资源。其次是宣传利用档案美学资源的方法，打破人们对传统档案部门的认识，使人们更高效地利用档案美学资源。再次是宣传馆藏档案部门能提供什么服务，以及如何来向大众服务，让大众了解到档案美学资源并不是神秘的东西，仅仅是为大众服务的媒介和手段。

（二）优化档案美学服务大众的方式和手段

众所周知，在我们所有的档案美学服务内容中，服务大众的手段和方式是最关键的一环，只有采取一定的方式和手段提供给用户需要的资源，才能实现档案美学资源服务的价值。档案美学服务大众多样的服务手段能提高档案内容服务的质量。档案美学服务大众的方式和手段有很多种，导航服务 RSS 定制、个性化推送、数字参考咨询服务、在线服务这些都是现今档案美学服务的主要手段，都能有效集成在网络平台上。这些新型的档案美学服务大众的方式和手段的利用，有利于档案美学更好地服务于大众。

（三）尊重用户需求

档案美学服务大众必然要满足用户的需求，以用户为核心，强调用户的需求导向，是现今档案美学服务大众强调的主要思想。由于现代生活方式的多样化，现代档案美学资源利用者的需求也呈现出多元化和多样化的特征，因此，需要我们不断探索新的用户需求模式，但随着信息技术在档案美学领域的广泛应用，为满足个体差异性，实现一对一、一对多、多对多的各式服务提供了可能。丰富的服务手段满足档案美学服务大众化需求的同时也满足了用户个性化的需求，二者的有机结合为档案美学服务质量的提高和高效提供了有效的保障。此外，档案美学资源的利用者需求是不断变化的，档案美学服务大众也要随需应变，更加易用、迅捷、丰富、智能的服务方式将在实践中得到发展和优化。

（四）强化服务大众的行为

无论研究哪种服务方式，都是面向大众，为大众开展服务，都需要对大众的行为进行研究。档案美学服务的群体是动态的，其基本结构随着时代的发展变化而不断变化，最突出的特征是网络普通用户逐年增多，用户行为多样。对服务大众行为的研究、对档案美学工作的开展具有重要的意义，同时还有助于对用户群族的划分，为开展个性化的增值服务提供客观保障。

（五）开发潜在服务对象

档案美学资源的利用者的规模是衡量档案美学服务水平的一个重要指标。现代档案美学资源的利用者可划分为到档案馆查阅和网上查阅两种类型。随着档案网站和数字档案馆的兴起，越来越多的人可以通过互联网利用档案美学资源。普通的网络利用者，随机的浏览行为占多数，并没有转化成实际的利用行为，因此这些规模庞大的网络利用者构成了档案部门需要积极开发的潜在用户。如何利用有效手段来吸引这部分潜在用户，使浏览行为变为实际的利用行为，这就要求档案部门提供一个资源丰富、智能导航的档案数字化平台，通过各种方式和手段来吸引这些潜在用户再次访问档案数字平台，成为真正的档案美学利用者。

第九节 档案美学新业态发展思考

　　随着现代信息技术前所未有的变革，信息技术的进步影响到我们生活的方方面面，为档案馆新业态发展也带来了机遇和挑战，在信息环境下，公众对档案美学新业态发展的多样性需求对档案美学开展新业态服务提出了新的要求。本节将从构建档案美学资源数字档案馆一体化网络、建设标准化档案美学业务系统、丰富档案美学服务内容、创新档案美学服务形式、营造档案美学发展良好氛围等几个方面对档案美学新业态发展做出简要探讨，希望有利于档案美学工作的发展。

　　档案美学资源是人类原始记录的保护者，担负着保存人类原始的文化遗产、传播先进文化、开展社会爱国主义教育等重要社会职能，在推动经济社会发展中发挥着十分重要的作用。档案美学工作事业发展水平是一个国家、一个地区文明程度的重要标志，是保障公民基本文化权益的重要途径之一。在大数据快速发展的背景下，档案美学新业态的构建成为可能。未来档案美学将通过与传统档案馆进行全流程业务整合，包括馆藏统筹兼顾、资源数据一体化、服务最大化，实现实体档案美学资源与数字档案美学资源的无缝对接，实现到馆服务与网络服务的同步进行，打破时空和行业的限制，建设跨行业、互联互通、共建共享的档案美学服务体系。

一、构建档案美学资源数字档案馆一体化网络

　　档案美学资源信息网络一体化的建立是档案美学资源信息化和档案美学信息资源共享的物质基础，也是实现更大范围内档案美学资源共享的必然趋势，是档案美学工作现代化的重要步骤，因此，在开创档案美学发展

新业态时，我们必须考虑档案美学资源数字档案一体化网络。开创档案美学发展新业态，首先要加快和完善档案美学资源数字档案馆网络体系建设，扩大网络覆盖范围，提高网络传输能力，逐步建设以专网为主体、虚拟网为补充，连接国家省、市、县数字档案馆，覆盖全国的公共文化服务一体化网络体系，为全国数字档案馆系统互联、业务整合、服务协作和可持续发展提供网络设施保障。通过覆盖全国的一体化网络、各类数字资源，包括各类型的档案美学资源等，可以方便快捷地推送到每一个具体的档案美学资源利用潜在客户面前。档案美学资源数字档案馆的网络和平台设施能够为公共文化服务体系建设提供技术支撑，加快各地公共文化服务的传播和推广效率。

二、建设标准化档案美学业务系统

开创档案美学发展新业态，档案美学业务工作标准化是建设档案美学事业发展的关键环节，只有加强档案美学业务工作标准化，才能提高档案美学管理水平，完成档案美学为社会服务这一宗旨，要加强综合业务平台和标准化服务平台的建设。档案美学工作标准化，是实现档案美学工作发展新业态的需要，是实现档案美学工作科学管理的需要，同时也是提高档案美学工作效率，节约人力、物力、财力的需要，是开发利用档案美学资源的需要。档案馆美学业务工作包括：档案美学资源接收标准化；整理与检索的标准化；档案美学资源鉴定的标准化；档案美学资源统计和提供利用的标准化；档案美学资源保管的标准化。

三、丰富档案美学服务内容

众所周知，传统档案服务内容主要包括档案的借阅、检索、编研、咨询和展览等。档案馆引入大数据和社交媒体之前，主要靠人工进行，服务效率较低，要开创档案美学发展新业态，我们必须做到以下几方面的服务内容的变化：一是，从对档案美学资源的借阅角度来看，档案美学工作应提供更广阔的查档平台。改变传统以阅览室查阅为主，应借助社交媒体，改变档案馆的借阅服务受时空限制的局面，在保留用户借助网络查阅档案美学资源的同时，充分利用社交媒体的强大功能为用户提供更广阔的查阅平台。二是，从检索服务角度来看，应增强检索服务的互动性。随着信息技术的发展，检索服务已由传统手工检索变为计算机检索，检索效率大大提高。应用社交媒体可促使档案美学资源检索服务具有更强大的功能。不仅创造更多的工具提高检索效率和质量，还增强检索中的即时互动性，提升了检索服务的用户满意度。三是，从编研服务的角度来看，增强档案美学资源编研服务的开放性和交互性。编研作为档案馆整合、发布资源的一种方式，应借助社交媒体的应用为档案美学资源的编研出版提供新平台，增加编研出版的开放性和交互性，档案美学工作可及时获得用户反馈，吸纳批评意见，这种互动将大大提高编研效率和质量。四是，从咨询服务的角度来看，传统的档案咨询主要是档案馆通过馆藏查询直接为用户提供档案实体或内容的咨询，在档案美学发展的新业态中，我们要求档案美学工作人员利用专业知识和经验，为用户在学习、研究、利用档案美学资源利用中遇到的疑难进行在线解答，让实时咨询成为可能。

四、创新档案美学服务形式

开创档案美学发展新业态，要深化服务形式，使服务面向所有潜在用户。一是在加强数字档案美学资源基础性服务的同时，开展档案美学资源数字档案馆专业化服务，积极探索为政府机关、科研院所、企事业单位及个人提供个性化、知识化、智能化的服务形式。借助互联网、移动通信网、微信、广播电视网等通道，利用手机、平板电脑、数字电视等新兴媒体终端，加大新媒体服务的力度。二是积极开展多维度、多形式的服务形式推广，通过资源推介、现场讲座、展览体验等更丰富的形式，培养群众网络阅读的习惯，使公众以不同形式了解档案美学资源数字档案馆，使用档案美学资源数字档案馆。努力实现各级档案美学资源数字档案馆的智能服务水平的不断提升、服务内容的创新与拓展，积极探索满足不同层次、不同群体的服务需求，切实创新公共文化服务形式。

五、营造档案美学发展良好氛围

一个群体所体现出的气氛和精神，在一定程度上影响成员的意志力、创造力和积极性。档案美学工作的文化氛围指在其发展过程中逐渐形成，为其大多数成员所共同遵循的价值观、行为准则、道德规范等。它集中体现档案美学工作中特有的风格和精神，档案美学工作中所形成的文化氛围，在开创档案美学发展新业态的过程中起到了重要的作用，因此我们必须营造良好的文化氛围，激发档案美学工作从业者的高度敬业精神，为员工创造激发智能的环境条件。此外，各地档案美学资源数字档案馆在立项和实施的过程中，注重对体制机制的总结探索，逐步形成一系列推动档案美学资源数字档案馆建设的政策、措施和制度。

　　信息技术的发展对档案美学事业新业态的发展有着不可比拟的推动和提升作用，档案美学新业态发展必须充分依托现代信息技术的发展。档案美学资源是国家文化创新发展不可或缺的一部分。因此，我们要积极探索档案美学发展的新业态，激发档案美学的生命力和活力，释放档案美学新业态的新能量。

参考文献

[1]陈绍兴,陈智为.档案管理学[M].北京：中国人民大学出版社,1996.

[2]杨戎.论已公开文件利用的长效机制[J].档案学通讯,2006(05).

[3]黄慧敏.做好机关档案管理工作的几点体会[J].重庆档案,2006(02).

[4]王钧铀.试论高校在改革开放新形势下的档案意识[J].宜宾师专学报,1996(03).

[5]郑木欣.高校档案工作面临的问题及发展途径[J].前言,2004(12).

[6]文郁成.浅谈档案意识[J].档案学研究,2009(11).

[7]陈立道.我国水利科技档案的特点及开发利用的思考[J],2016(11).

[8]李晓曦.浅议水电档案管理工作[J].科技向导,2010(03).

[9]黎华.浅谈水利水电科技档案发展趋势及管理对策[J].云南档案,2014(08).

[10]邓纯.人事档案管理模式创新研究[J].职业,2015(11).

[11]李淑艳.提升人事档案在人力资源管理中的功能[J].兰台世界,2015(12).

[12]鲍群涛.我国人事档案管理发展方向的探索[J].才智,2013(10).

[13]孙永登.浅析人事档案的发展方向兰台世界[J].兰台世界,2015(11).

[14]曹建忠.大数据背景下档案职业的突围与拓展[J].档案天地,2018(09).

[15]黄津孚.现代企业管理原理[M].北京：中国人民大学出版社,1998.

[16]王吉鹏.企业文化建设[M].北京：中国发展出版社,2005.

[17]尚桂玲.我国企业文化的现状及对策[J].煤矿现代化,2005(05).

[18]赵邦,谢书凯,周福宽.智能制造领域研究现状及未来趋势分析[J].现代制造技术与装备,2018(12).

[19]刘星星.智能制造的发展:现状、问题及对策研究[J].齐齐哈尔大学学报(哲学社会科学版),2016(07).

[20]陈业航.智能制造技术与智能制造系统的发展与研究[J].数字技术与应用,2016(08).

[21]傅靓.浅谈新时代背景下档案工作管理方式的转变[J].办公室业务,2017(23).

[22]戴建华.对新时代档案管理工作的思考[J].办公室业务,2018(05).

[23]李争.着力提升四种能力做好新时代档案管理工作[J].科学咨询,2018(02).

[24]常姣.新时代下档案管理工作的创新[J].济南职业学院学报,2018(03).

[25]张秀清.新时代档案管理工作的社会服务思路[J].科技经济导刊,2018(09).

[26]薄雪萍.浅议新时代水利档案管理人员应具备的职业素质[J].办公室业务,2018(09).

[27]高蕾.探析新时代下纪念馆档案管理工作要点[J].办公室业务,2014(11).

[28]李敏.新时代背景下党校档案管理面临的问题及改进措施[J].办公室业务,2018(11).

[29]李宁宁.新时代如何创新档案管理工作[J].办公室业务,2016(03).

[30]李争.坚持以创新精神加强档案管理工作[J].科学咨询(科技·管理),2018(04).

[31]陈一鸣.美国:以国家战略应对大数据时代[N].人民日报,2013(01).

[32]张新民.大数据深刻改变未来[M].北京：科学出版社,2013.

[33]秦荣生.云计算对会计、审计的挑战与对策[J].当代财经,2013(01).

[34]流滢.电算化会计档案管理可能出现的问题及对策[J].华章,2012(12).

[35]李文超.当前国有企业内部审计的现状与思考[J].现代商业,2008(05).

[36]段惠萍.企业内部审计的现状及强化措施[N].山西财政税务专科学校学报,2008(01).

[37]王钧铀.试论高校在改革开放新形势下的档案意识[J].宜宾师专学报,1996(03).

[38]郑木欣.高校档案工作面临的问题及发展途径[J].前言,2004(12).

[39]文郁成.浅谈档案意识[J].档案学研究,2009(11).

[40]曲振波."互联网+"时代下的管理会计[J].中国经济,2015(16).

[41]张新民.大数据:深刻改变未来[J].北京：科学出版社,2013(12).

[42]徐敏.新媒体环境下高校档案管理范式的转向[J].现代经济信息,2016(07).

[43]王青.新媒体背景下高校档案管理工作探析[J].新媒体研究,2017(05).

[44]刘小玲.新媒体环境对高校思想政治教育的影响及应对策略[J].速读,2015(10).

[45]余胜泉,张建伟.教育技术理论导读:信息时代的教学与实践[M].北京:高等教育出版社,2001.

[46]徐学禹.信息技术与经济社会发展[M].成都：西南交通大学出版社,2010.

[47]廖炜.虚拟现实技术与博物馆陈列[J].东南文化,2008(05).

[48]王潇,黄新荣.微信公众平台开启档案利用新时代[J].陕西档案,2013(02).

[49]谈伟.国外"档案众包"实践及引发的思考[J].四川档案,2014(02).

[50]闫平.服务型政府的公共性特征与公共文化服务体系建设[J].理论学刊,2008(12).

[51]刘福东.公共档案馆文化服务建设探析[J].兰台世界,2014(06).

[52]饶圆.档案服务社会化研究[J].档案学通讯,2009(06).

[53]路遥.论档案服务的大众化与小众化[J].档案学通讯,2010(02).

[54]庄晓云.浅谈档案服务社会化的发展之道[J].才智,2016(31).

后 记

本书由重庆三峡学院陈超著。课题来源：1.中国高教学会课题《基于绿色教育理念下高校档案新业态设计研究》阶段性成果（课题批准号：ZGD-Y-2018-48）；2.重庆三峡学院高教研究课题《基于绿色教育理念下高校档案新业态设计研究——以重庆三峡学院为例》阶段性成果（课题批准号：GJ201810）；3.重庆三峡学院思政课题《绿色教育理念下高校思想政治工作新业态设计研究》阶段性成果。